指数型思维

企业如何着眼于未来并重新思考创新

（Vivek Wadhwa） （Ismail Amla） （Alex Salkever）
[美] 维韦克·瓦德瓦 伊斯梅尔·阿姆拉 亚历克斯·萨尔克弗 著
鲍栋 译

FROM INCREMENTAL TO EXPONENTIAL

HOW LARGE COMPANIES CAN SEE THE FUTURE AND RETHINK INNOVATION

在本书中，我们的目标不仅是以诸多示例，探讨哪些策略是有效的，哪些是无效的；还要为读者提供行之有效的创新工具，并把这些工具用于自己的组织。我们将解读谷歌、脸书和苹果等"平台"公司采用的新技术，探讨大型组织应如何像初创公司那样去思考和行动。我们将引导读者走进超级创新企业的内部，一探他们的创新奥秘，看看它们如何以最引人入胜的方法，从内部机理、外部设计再到创新收益等诸多方面取得成功。本书传递的所有信息都不只限于营利组织。我们的目标，就是对所有期待磨砺创新工具的组织助一臂之力。我们希望您以及您的组织，都能在本书中找到适合于自我创新的灵感，并在现实中取得更大的成功。

Copyright © 2020 by Vivek Wadhwa, Ismail Amla, and Alex Salkever
Copyright licensed by Berrett-Koehler Publishers
arranged with Andrew Nurnberg Associates International Limited
Simplified Chinese translation copyright © 2021 by China Machine Press This Simplified Chinese edition published by arrangement with Andrew Nurnberg Associates International Limited.

本书由 Berrett-Koehler Publishers 授权机械工业出版社在中华人民共和国境内（不包括香港、澳门特别行政区及台湾地区）出版与发行。未经许可的出口，视为违反著作权法，将受法律制裁。

北京市版权局著作权合同登记 图字：01-2021-0909 号。

图书在版编目（CIP）数据

指数型思维：企业如何着眼于未来并重新思考创新/（美）维韦克·瓦德瓦（Vivek Wadhwa），（美）伊斯梅尔·阿姆拉（Ismail Amla），亚历克斯·萨尔克弗（Alex Salkever）著；鲍栋译. —北京：机械工业出版社，2021.5

书名原文：From Incremental to Exponential：How Large Companies Can See the Future and Rethink Innovation

ISBN 978-7-111-68099-4

Ⅰ.①指… Ⅱ.①维…②伊…③亚…④鲍… Ⅲ.①企业创新 Ⅳ.①F273.1

中国版本图书馆 CIP 数据核字（2021）第 086787 号

机械工业出版社（北京市百万庄大街 22 号　邮政编码 100037）
策划编辑：坚喜斌　　　责任编辑：坚喜斌　侯春鹏
责任校对：张莎莎　　　责任印制：孙　炜
北京联兴盛业印刷股份有限公司印刷

2021 年 6 月第 1 版・第 1 次印刷
145mm×210mm・7.375 印张・3 插页・143 千字
标准书号：ISBN 978-7-111-68099-4
定价：69.00 元

电话服务　　　　　　　　　　网络服务
客服电话：010-88361066　　　机　工　官　网：www.cmpbook.com
　　　　　010-88379833　　　机　工　官　博：weibo.com/cmp1952
　　　　　010-68326294　　　金　书　网：www.golden-book.com
封底无防伪标均为盗版　　　　机工教育服务网：www.cmpedu.com

谨以此书献给我已故的爱妻塔温德尔。你永远是我灵魂的伴侣，你永远在天堂指引我在尘世间勇敢地前进，激发我内心深处的创造源泉。

——维韦克·瓦德瓦

谨以此书向我的父母和家人致以最深切的爱和感激，也感谢我在 CSC 科技、埃森哲、Capco、IBM 和目前 Capita 的众多师长与同仁；也是为了怀念哈兹赖特，他是很多人的人生导师。

——伊斯梅尔·阿姆拉

序　言

维韦克和阿姆拉——我们这两个人都曾涉足高科技领域,而维韦克更是有过在软件和创业行业摸爬滚打的亲身经历,并在过去 15 年中一直从事学术教学。在这份事业中,维韦克始终大力倡导企业家精神与科技研发,致力于人工智能、计算技术、数字医学、机器人、传感器、合成生物学和量子计算等颠覆性先进技术的传播。维韦克经常发出这样的警告:当下的大公司很快就会登上"耻辱榜"。他怀疑这些公司能否迅速适应潮流,紧跟技术变革的脚步,和朝气蓬勃的创业企业一争高低。他希望能帮助那些曾经辉煌的老牌公司再展雄风,提升生存能力。为此,维韦克创建了自己的方法论,指导大公司吸收创业企业的精髓,用他们的超级增长工具和思维提振自身的创新力。

与此同时,伊斯梅尔则关注技术咨询服务,并任职于 IBM 和埃森哲等大型蓝筹股公司。在上述企业任职期间,他曾指导这些超级巨无霸企业采用先进技术改善盈利,完善业务流程。伊斯梅尔也指导它们如何避免登上"耻辱榜"。

序 言

我们都很清楚,让这些航母级公司像初创公司那样,在竞争中做到灵活自如,其难度可想而知。

但是在过去 10 年中,却发生了一件非常有趣的事情。我们两个人都开始注意到,在接受我们咨询的超级大公司中,积极而明显的变革迹象正在悄然出现。因此,维韦克开始拿出更多时间,帮助那些他认为即将丧失生存竞争力的大公司。

他注意到,有些超级公司不仅生存了下来,而且依旧蓬勃发展。他们正在摆脱大数定律的约束,实现华丽转身,成为超级创新工厂。而其中的"始作俑者",就是谷歌和微软这样的大型科技企业,他们率先找到了放大创新实践的路径,维持激励持续创新的敏捷性和试验环境。紧跟而来的,则是那些最"不思进取"的行业中的沃尔玛和新世代能源(NextEra Energy)等一批传统老牌企业,它们也在另辟蹊径,通过文化变革寻求新的创新路径。所有这一切,都引起维韦克极大的兴趣。

从企业层面看,伊斯梅尔也意识到,在接受他咨询的很多大公司中,悄无声息的变化正在发生,它们正在激活蛰伏的力量,鼎力支持创新。老牌企业或许行动迟缓,或许体制僵化,但伊斯梅尔仍认为,它们拥有 21 世纪最有价值的资源——数据。此外,它既有经验丰富、长袖善舞的高管,又不乏四通八达的销售营销渠道,这无疑是它们传播颠覆性新产品最有效的基石。而最具创新性的传统企业则依托硅谷的最前沿的行业实践,也在进行产品开发和加速创新。因此,面对站在家门口对它们虎视眈眈的创业企业，他们不仅得以在竞争中与之平起平坐，甚至会略占优势。

比如说，2018年12月，在线零售商亚马逊公开声明，在不久的将来，公司计划将不使用现金的Amazon Go连锁店业务拓展到英国。英国最大的百货零售商塞恩斯伯里零售集团（Sainsbury's）不甘示弱，它们此后不久便发布消息，公司也启动了相同模式的业务。实际上，塞恩斯伯里的高管早已开始探索无现金业务，并为此进行了精心策划。这家百货巨头已经意识到亚马逊带来的威胁，面对挑战，它们全方位启动创新计划，并相应调整战略思维，加快行动速度，积极采纳最新技术——当然，这些都是在百货连锁行业鲜为人知的技术。

这种爆发式的反应代表了一种新的市场趋势，也提供了一种我们认为造福于所有传统企业的范例，毕竟，这些老牌企业很少愿意挖掘通常只属于初创及其他创新公司的思维、策略和机会。尽管本书的目标读者是这些传统大公司的高管和经营者，但实际上，任何希望拥有创新思维的人，都会得益于探索者和先行者带来的分析方法和创新工具。

有些高管和经营者已经习惯于欢呼谷歌、eBay、PayPal和脸书的成功，但很少有人了解腾讯、爱彼迎、Zoom和Deliveroo等新一代市场颠覆者及其以创新和敏捷为特征的最佳实践。理解这些新兴公司的模式和方法，公共机构、非营利组织、公益事业组织以及企业等各类大型组织就可以迅速掌握它们的方法和思维，对市场环境做出迅速响应，主动出击，积极寻求自我增长之路。

对这本书而言，我们的真正愿望，就是希望它将帮助这些组织的领导者和员工提振创新力，推动转型，并以此缩小创业企业与传统企业之间的差异。

当然，我们更希望能用这本书告诉大家，真正的可持续创新需要人们关注创新的内在机理和伦理标准，及其改善社会利益和提升人性品质的固有能力。增长往往给公司及其员工带来福祉和繁荣，但企业的生命力依赖于真正的责任。没有社会责任感的技术和创新，或许只能带来极度不适的结果。

现代技术和创新让很多昔日不可想象的梦想成为可能。但最重要的是，我们必须以理性和公平的方式去利用它们，而不仅仅是把它们作为获取利益和收入的手段。因此，笔者更希望，在捕捉重振雄风的成长春风时，这些因新型企业崛起而黯然神伤的传统公司会找到新的起点，焕然一新，去迎接一种全新的增长，一种可以让世界变得更美好的增长。

前　言

创新的黄金时代已翩然而至

2019年4月11日,在佛罗里达州的卡纳维拉尔角航天中心发射基地,"猎鹰重型"(Falcon Heavy)火箭迎着晨曦,从发射台上腾空而起。自20世纪60年代以来,这个沐浴在大西洋海风中的太空港,就一直是全球太空创新的前沿阵地,"阿波罗"登月计划和美国航天计划均在这里成为现实。

但"猎鹰重型"火箭的使命,不只是把货物运送到外太空,它还要顺利回收三个火箭助推器。每个助推器都要通过自动导航返回地面,并安全着陆。卡纳维拉尔角发射台上的双侧助推器,安装在大西洋中部浮动驳船上的大型中央助推器,所有这些部件都将在后续发射中重复利用,此外,还采用了专门的回收船,回收废弃的鼻锥整流罩。

在背后支持"猎鹰重型"火箭的公司,并不是传统的大型航天飞机制造商,譬如波音、法国阿里安航天公司或是俄罗斯联邦航天局。相反,"猎鹰重型"火箭的设计者和制造商是美国的私人太空探索技术公司SpaceX,这家横空出世的新贵由亿万富翁埃隆·马斯克（Elon Musk）出资创建。

在最早听到 SpaceX 打算制造可回收火箭的消息后，全球航天界几乎不约而同地认为，尝试如此近乎不可能的壮举，只能说明马斯克和他的工程师已陷入疯狂。但对 SpaceX 的团队而言，这笔账再简单不过。由于火箭发射成本非常高，因此，在火箭发射市场上，与这个高发射成本相比，其他所有问题几乎都可以忽略不计。正因为这样，进入太空的高昂成本才让很多大型跨国公司和政府望而却步，毕竟，要把它们的卫星送入太空轨道，动辄需要数亿美元开支。而回收利用关键火箭部件，却有可能让这个价格下降 20%~40%，当然，最终的价钱还取决于 SpaceX 想在成本节约中拿出多少分享给客户。

如果能以更低的成本发射火箭，并把货物送入太空，SpaceX 就可以接管以往由几家大型传统航天企业垄断的这个市场，并拓展发射、卫星以及与太空事务相关的整个市场。

SpaceX 的技术和成本优势，将会给成千上万家企业创造更多的商机。这一新型发射平台将会给苹果、脸书以及谷歌等高科技企业带来巨大的战略及财务优势。当然，SpaceX 的工程师需要攻克的挑战也极为艰难：引导几十吨的火箭返回地面，然后再精确无误地平稳着陆。

但是在 2019 年 4 月 11 日，SpaceX 还是成功地做到了这一点。

SpaceX 的成功引发了两个显而易见的问题：

指数型思维

企业如何着眼于未来并重新思考创新

- 一个年轻而且规模不大的公司是如何实现这一壮举的呢？
- 为什么那些资本雄厚的巨无霸航天公司不愿去尝试，更不用说取得成功了？

要回答第一个问题，我们不妨考虑一下，到底是哪些因素让SpaceX梦想成真。在互联网时代到来之前，如果一家初创公司试图制造可回收利用的火箭，那么，为平息质疑声，它需要筹集数十亿美元去建造原型，开展研发，这显然是一个投入巨大而且极为艰难的过程。在那个时候，通常只有药物和医疗设备的开发能撬动如此大规模的资金。实际上，对初创公司而言，筹集到这笔资金的可能性微乎其微，唯一的例外是20世纪二三十年代——当时，航空、汽车时代刚刚开启大幕，很多小公司确实可以筹集到非常可观的资金。面对千载难逢的机会，初出茅庐的新兴公司试图异军突起，在这个资本密集型产业中找到突破口。

在成立只有短短18年的时间里，SpaceX找到了很多融资渠道，从那些渴望冒险而本性又贪得无厌的风险投资者手中，筹集到越来越多的风险投资。SpaceX这样的公司之所以资金充沛，就是因为它所能动用的资源远非过去可比。

比如说，在复杂火箭的设计、测试和生产过程中，SpaceX可以轻而易举地凭借更先进的技术架构，让传统老牌公司甘拜下风。这些优势得益于云计算、开源软件及其他诸多方面的技术创新。正是有了这些创新,创办一家技术导向型企业的成本大为削减。考虑到SpaceX既不受传统偏见所束缚,也无须像传统企业那样循规蹈矩,因此,它对新思维和新技术兼收并蓄,积极吸收和利用高速增长企业的加速机制,在自己的领域复制这些新兴企业打败老牌对手的"奇迹"。

与此同时,SpaceX在招募人才方面遇到的麻烦同样远少于几十年前,在那个时候,创业公司承受着巨大风险,甚至就是在自杀。而如今,传统公司也开始珍视初创企业的经验,这就最大限度减少了员工因企业失败而遭遇失业的风险。

总之,SpaceX的成功得益于资本市场发展、技术更新和雇主文化变革的相互融合。这些变化让他们一鸣惊人,在新科技领域振翅高飞。

第二个问题是,那些资本雄厚的巨无霸级航天企业为什么没有去尝试做类似的事情呢?

与SpaceX的设计制造团队相比,波音公司的工程师们在智慧、能力和志向上丝毫不逊色,而且波音公司也不缺少这样的资源和野心。实际上,这家公司依旧是诸多加工、制造技术领域的领导者,比如说,在日趋复杂的航空器组装过程中,波音使用增强现实技术(AR)降低复杂性和出错率。当然,波音及其他航空巨头肯定也考虑过火箭回收利用的概念。从更广泛的意义上说,不管规模大小,任何一家公司都会毫不犹豫地说,它珍惜和致力于创新,尤其是这个术语在过去40年内风靡全球之后。但是，对于SpaceX这样的新兴企业，它与波音、空中客车或洛克希德·马丁公司之间的鸿沟是不言而喻的；而波音之类的老牌公司是否能够理解甚至意识到，生存需要它们加快创新步伐，这恐怕还不得而知。某些因素制约着它们无法释放出强大的业务转型潜力，导致它们不能及时应对新的威胁，采用高速增长企业的新策略和新思维。

障碍是显而易见的，这些企业都抱有相同的心态："不"，而不是"成长！"。传统企业的员工往往难以接受新事物，因此，当新兴企业以更有价值的产品或服务占领市场时，他们只能无助地在这些后来者身上寻找灵感。

男士剃须刀技术已有50年没有改变了，尽管虚张声势、浮夸做作的广告比比皆是：将薄刀片安装在塑料或钢制刀片架中，然后装在压缩包装或塑料盒内，放到商场的货架上。这款技术似乎拿到了印钞许可证。

很多商学院都在使用"剃须刀和剃须刀片"的案例，介绍以出售剃须液和免费赠送剃须刀模式创造盈利的营销模式。

然而，借助一段病毒式传播的视频和一轮现场营销活动，剃刀俱乐部（Dollar Shave Club）便牢牢吸住顾客的眼球，再次让剃须刀成为令人激动的产品。在这段视频中，兴高采烈的CEO快步穿行在仓库中，领带在胸前歪歪扭扭，大言不惭地赞赏自己的刀片。

当然，剃刀俱乐部在剃须刀本身上并不进行任何创新研究。

实际上，根据《纽约时报》旗下的第三方消费体验测评网站Wirecutter提供的信息，这款刀片的质量与吉列或其他刀片制造商的产品相比，没有任何优势。但是，它们的创新体现在这种大胆、甚至近乎无耻的营销策略上，而这种策略则依赖于当代社会潮流与技术的对接：首先是YouTube，这是全球最大的视频发布平台之一；"千禧一代"（以及越来越多的人）开始偏爱线上购买并送货上门的购物模式，而不是到实体店进行采购；此外，就是谷歌AdWords及其他在线广告平台的出现，使营销渠道更加大众化和普及化，事实已证明，这是一种正在实现低成本和快速增长的新型业态。

10年前，要让新款剃刀进入主要分销渠道，制造商需要向超市和百货店支付一笔巨额进场费，即便是登上货架，还要与大牌消费品商家展开一场你死我活的白刃战，从他们的碗里抢到一份羹。因此，就产品本身而言，新产品显然不会有任何优势可言。但是，凭借一段构思巧妙、只花费4500美元的视频，就让剃刀俱乐部在YouTube上收获了数百万次浏览量，一夜之间，剃刀俱乐部的品牌便进入大批消费者的脑海。而且只用了不到5年的时间里——从2012年到2017年，剃刀俱乐部在美国剃须刀市场整体销售额中的份额便达到7%，在线业务的份额更是高达30%，年销售额近2亿美元。相比之下，作为市场的领导者，吉列的市场份额则从70%降至不足50%。这确实让这家老牌霸主大为震惊，它们确实没有投入更多资源，由偶发性零售模式向经常性订购模式转型。其实，吉列原本可以全力争夺电子商务市场，在一蹶不振的男士剃须产品市场上实现突破。

剃刀俱乐部的营销活动，就是一个运用指数型创新手段、赢得新消费群体并开启新沟通渠道的案例。与SpaceX相比，剃刀俱乐部在技术上的成就显然不足挂齿，但它同样创造了一项令人咋舌的壮举：在短短5年时间里，在一个已经被大牌产品垄断的市场中，用一款乏善可陈的产品创造出10亿美元的市场价值。2017年，消费品巨头联合利华以10亿美元的价格收购了这家公司。

好在吉列及时醒悟，在意识到亚马逊用户的消费品在线购买需求日趋增长的情况下，他们也顺势启动了在线订购业务（亚马逊网站为大多数消费品提供"订购"选项）。现在，吉列与剃刀俱乐部在竞争中几乎平分秋色，而且吉列也没有失去它在男士剃须产品市场上曾经拥有的一切，它甚至有可能重新夺回霸主地位，并一举打垮剃刀俱乐部。不过，没有人敢下这个赌注，原因就是我们稍后将在本书中看到的。但我们完全可以大胆想象，吉列可以利用这个教训去开发更多的品牌商品，采取更明智的营销战略，同样可以想象的是，只要方法得当，它定会在与新兴企业的竞争中占据上风。不过，前提是吉列的高管能看到这本书。

在随后的分析中，我们的关注点将是SpaceX、剃刀俱乐部及其他新兴企业，它们把颠覆性创新和技术开发与当代技术、社会以及商业的新现实融为一体。此外，我们还会探讨从事传统发电业务的新世代能源集团,看看它如何着力追求指数型发展,坚定不移地强调可再生能源;在不破坏传统业务的前提下,改善企业增长前景,把握未来,与时俱进。此外,我们还要关注另一家名副其实的老牌高科技企业——微软,看看它如何通过文化变革重启创新。我们将会看到很多变革对全球运行方式带来的复合性效应,以及这些变革如何从根本上改变公司与客户及消费者的互动方式。

正是在这些变革中,孕育着推动快速转型的源泉以及开启突破性创新大门的钥匙。从印刷机到内燃机,从电气革命晶体管,再到计算机芯片,还有随之而来的诸多进步,一路走来,变革的步伐正在加快——这不仅是因为技术正在变得越来越有效,还因为初创企业能有效地执行其发展愿景,而且有越来越多的大公司开始采纳后来者的战略和措施,并取得接近甚至是超过这些后来者的成果。

在现实中,尽管我们希望能为本书找到永恒不朽的范例,但其中的很多案例还是会在本书出版后逐渐淡出人们的视线,不再合时宜。在一定程度上,这就是世间万物的本质,也是我们的观点。但唯一永不过时的,就是以合乎逻辑的方法,把最有效的变革与创新工具纳入传统组织内部:那些已成型的流程和产品,或许恰恰就是这些组织最大的薄弱环节。

顺着这个脉络,我们还想说明,太多传统企业的创新观点面临着两难境地:要和新兴企业一争高下,实现自我成长,首先需要它们颠覆自己。但这种困境完全是虚幻的。毕竟，传统公司在规模、知识、数据、销售渠道、营销机制、品牌和关系等方面拥有巨大优势。它们完全可以利用这些优势实现自我突破。

在本书中，我们的目标不仅是以诸多示例，探讨哪些策略是有效的，哪些是无效的；还要为读者提供行之有效的创新工具，并把这些工具用于自己的组织。我们将解读谷歌、脸书和苹果等"平台"公司采用的新技术，探讨大型组织应如何像初创公司那样去思考和行动。我们将引导读者走进超级创新企业的内部，一探它们的创新奥秘，看看它们如何以最引人入胜的方法，在内部机理、外部设计再到创新收益等诸多方面取得成功。

本书传递的所有信息都不只限于营利组织。我们的目标，就是对所有期待磨砺创新工具的组织助一臂之力。我们希望读者以及你的组织，都能在本书中找到适合于自我创新的灵感，并在现实中取得更大的成功。

目 录

序言

前言　创新的黄金时代已翩然而至

第 1 部分　指数型突破为什么在不断加速

第 1 章　颠覆性变革的技术基础　/ 004

第 2 章　先进技术带来的意外后果　/ 015

第 3 章　传统创新者的窘境与新兴创新者的窘境　/ 028

第 2 部分　自上而下的创新为什么经常会失败

第 4 章　错误的假设、破损的模型和徒劳的努力　/ 057

第 5 章　游戏规则已基本变化　/ 078

第 6 章　万变之中有不变　/ 095

第 7 章　阻碍变革的八宗罪　/ 104

第 3 部分　打通实现指数型增长的创新之路

第 8 章　"千万不要买这件夹克"：颠覆零售业未来的营销口号　/ 121

第 9 章　平台技术与市场　/ 126

第 10 章　创新的组织性（无序性）　/ 135

第 11 章　创新企业的策略　/ 141

第 12 章　改造管理与公司文化：创新宣言　/ 151

第 13 章　如何认识和利用传统企业的固有优势　/ 166

第 14 章　从恐龙到老鹰：四个案例研究　/ 177

第 15 章　政府的创新管理　/ 198

结束语　如果不能忽略，该如何接受呢　/ 207

致　谢　/ 213

作者简介　/ 216

第1部分

指数型突破为什么
在不断加速

2020年，随着一种类似流感的病毒快速传播蔓延，全球科学界进入紧急状态，加大对病毒的研究力度。中国研究人员使用高速基因测序设备，在最短时间内完成了对这种新型冠状病毒基因组的测序，并在线发布了基因组序列，从而为全球科研人员开展研究提供了基础，并赢得了宝贵时间。随着病毒感染证据以及对病症的认识迅速传播，科学家在几个月时间里就完成了通常需要数年时间才能得到的成果，包括确定可减轻新型冠状病毒感染后遗症的现有药物、随机性临床检验以及疫苗的初步研究。这充分体现出超级计算能力和硅技术转型能力给生命科学带来的巨大变革。以往动辄耗资数十亿美元、需要庞大科学家团队完成的任务——比如人类基因组序列的测定，今天，只需使用一台价格不到500美元的自动测序仪，在一个小时内即可完成。

　　与此同时，我们还会看到一个互联互通的巨大社会，探究它们对未来的影响。无数需要在学校、技术学院或高等学府进行面对面学习的人，现在开始寻求远程学习，待在家里，通过视频会议与老师、同学共同学习，这也是最终形成虚拟现实（VR）的雏形——全部学员进入同一个教室，但他们实际上并没有身处同一个房间。今天，很多人已经学会了利用视频会议工具建立连接，在互联网的虚拟会议室里开会，在虚拟的教堂做礼拜，或是庆祝生日，人们已开始对这种沟通方式习以为常。

　　通过智能手机，Kinsa对超过100万支数字温度计的使用者进行跟踪，借助于收集到的温度数据，就可以对处于早期阶段的发烧感冒做出诊断。这项技术表明，技术和设备可以帮助我们提早对潜在的流行病发出预警信号，这个信号甚至有可能早于现有医疗检测方法。

著名医生埃里克·托普（Eric Topol）博士始终倡导数字医疗和人工智能软件在医疗领域的运用，并通过大规模试验分析是否可以使用苹果手表测量佩戴者的静态心率，从而对病毒热点做出识别。而更先进的运用当属针对目前正在肆虐的新冠肺炎疫情的防范研究，研究人员公布了一项新的研究计划：通过在污水系统中寻找病毒基因存在的证据，从而寻找新冠肺炎疫情大规模爆发的早期迹象。

数字温度计、在线生活用品购买或送货无人机（解决物流速度缓慢的运输瓶颈问题）无不说明，我们的生活、购物、工作或娱乐方式，都可以在一夜之间焕然一新。至于这些转变是否可持续，当然还有待观察。但是，人类社会采用新技术改造文化和经济活动，以及加快疾病治疗和疫苗研发的速度之快，的确令人难以置信。这些梦想之所以成为可能，完全是因为存在以技术驱动快速变革的社会基础条件，以及这些基础条件对全球数十亿人的开放。在本部分，我们回顾了最强大的变革动力——创新性技术和文化动因，并概述了传统企业为维系生存能力而需要面对的挑战。

第1章
颠覆性变革的技术基础

本章简介：在这一章里，我们将介绍信息普及和信息获取成本下降带来的影响。对此，我们将探讨优步（Uber）如何得益于谷歌地图和智能手机用户的大量激增，并据此讨论人工智能如何凭借廉价甚至免费的大数据预测而引发下一轮创新浪潮。在本章，我们将会看到，计算机芯片、传感器和网络容量等技术的成本快速下降，如何让越来越多的可能性成为现实，比如说，智能手机的普及。

在伦敦，要取得黑色出租车的驾驶执照，申请人必须通过一项名为"知识"的高难度考试。按照考试的要求，他们须证明自己能记住英国首都的拜占庭式街道布局，并计算出一天中任何时段从A点开车到B点的最佳路线。要开车通过伦敦混乱而不可预测的网状街道和拥挤不堪的路口，显然是一次高难度挑战，而能证明拥有这些能力的驾驶员，自然可以获得一份不菲的薪水。尽管这毕竟不是什么高等专业学位，但是，驾驶黑色出租车的工作确实令人羡慕。

然后，优步进入市场。随着优步以更低廉的价格和更高的渗透能力不断抢占市场份额，黑色出租车的优势地位开始急剧下降。但是，挖掘深层次的原因，不难发现：优步并没有给黑色出租车本身带来任何破坏；在黑色出租车的断崖式衰落中，谷歌地图同样发挥了核心作用。谷歌地图有效地把"知识"免费提供给所有的智能手机使用者，优步使用谷歌地图为驾驶员提供逐向道路导航。如果谷歌地图的到来最初没有让"知识"的重要性降低到聊胜于无的地步，就不可能有优步的成功。㊀

由于免费（或几乎免费）提供以前需要付出高昂成本且难以获取的地图信息，因此，谷歌给众多依赖地理信息价值的公司带来了颠覆性影响，从 Garmin 和 TomTom 之类的导航设备制造商，再到 Telenav 之类的地理数据销售商，概莫能外。对于谷歌地图以及智能手机免费逐向道路导航程序带来的颠覆性突破，最明显的表象体现在：Garmin 的市值在 2007 年 9 月曾超过 160 亿美元，而在谷歌地图上市后，便遭遇断崖式下跌，短时间内便降至 20 亿美元。随后，Garmin 整整花了 12 年时间，才重回 160 亿美元的巅峰市值。为此，Garmin 彻底调整了业务模式，并不得不在昔日曾拥有主导地

㊀ 在撰写本文时，优步已失去在伦敦运营的许可证，此前，伦敦交通局认定优步"数次违反规定，导致乘客及其安全处于危险之中"。这说明，利用新的竞争优势资源并不能取代遵守正常基本经营方法的要求。

位的逐向道路导航业务之外，寻找新的收入来源。

这种模式在颠覆性破坏（breakthrough disruption）中很常见。不同于以往凭借廉价产品冲击低端市场的时代，在新的行业破坏模式中，企业只有两种选择：要么以几乎免费的形式提供关键性业务，或者至少要维持非常高的成本效益，这就会让新兴企业借机迅速进入市场，并抢占更多的市场份额；要么创建一个全新的业务市场。而这两种方式，都会让颠覆性破坏成为现实。

在很多领域，精确预测往往是不可能的，即使可能，也需要投入巨大的成本。而利用 AI 等技术，对我们拥有的海量数据进行分析，会让我们的预测成本更低，甚至是没有成本。在《AI 极简经济学》（Prediction Machines：The Simple Economics of Artificial Intelligence）一书中，三位经济学家阿杰伊·阿格拉沃尔（Ajay Agrawal）、乔舒亚·甘斯（Joshua Gans）和阿维·戈德法布（Avi Goldfarb）认为，免费获取的预测结果将在根本上改变人类的生活方式和企业的经营行为：

更准确的预测会提高人类判断的价值。毕竟，如果你不知道自己到底有多么喜欢保持干爽，还是有多么不喜欢随身携带雨伞，那么，了解下雨概率有多大对你来说，显然是毫无意义的。预测绝不等于判断。只有人类才能作出判断，因为也只有人类，才能表达出不同行动给自己带来的回报。当人工智能接管预测这项工作后，在进行决策时，人们就会减少那些兼备预测与判断特征的常规性工作，而是把精力全部放在判断上。

与传统观点相悖,尽管人工智能不可能完全取代人类智能,但免费预测注定会让人类拥有进行更快捷、更有效决策的能力。

优步、黑色出租车和"知识"这个例子出现在人工智能提供免费预测的 10 年之前,但它足以说明这个问题。在计算机、卫星导航、低成本传感器、网络连接普及化以及高速无线网络兴起之前,任何层面的地理知识都是有价值的。时光倒流,在克里斯托弗·哥伦布和亚美利哥·韦斯普奇(Amerigo Vespucci,1454—1512,意大利航海家、探险家)那个时代,一幅包含地理知识的地图甚至会成为一个国家最宝贵的财富。如今,知识正在变得越来越廉价,而且更多知识正在以令人炫目的速度不断积累。如果没有人工智能的兴起,这种积累无疑将是艰难的。借助于人工智能,我们才得以充分理解这种"噪声"。

因此,人工智能及其对预测,当然还有对企业的影响,无疑是颠覆性突破之矛的矛尖。

传感器、芯片和软件:
指数型增长技术如何汇聚为实现突破性创新的利器

科技世界正在加速发展的普遍观点当然没有任何错误:和 50 年,甚至是 20 年前相比,新一代技术的接受和采纳速度更快。对蒸汽机和电力这些改变人类历史进程的早期技术而言,它们的出现和普及,或许需要一个世纪之久的沉淀。而无线电和电视的普及速度显然比电力快得多,但它们的普及仍经历了数十年时间。从计算机的出现到取得全球近 90% 的普及率，大约用了 20 年。而智能手机遍布全球仅用了 10 年时间。至于语音助手之类最新技术的传播普及速度，甚至更快，大约仅在 5 年时间里便得到了普遍使用。尽管人工智能已出现数十年，但它从新生到无所不在，其实只用了大约 5 年的时间。

所以说，一切都在加快发展，变革的步伐正在提速。人工智能会帮助我们更快地理解身边即将发生的事情，预测未来，降低稀缺商品或服务的价格，甚至让它们成为免费商品。清洁能源的成本将下降到近乎免费的水平。在这个星球上，每个希望实现智能手机联网或拥有 VR 耳机的人，都能心想事成，让所有人成为全球性信息共享的真正受益者。支持这种技术的平台也在不断加速。凭借新兴 5G 无线网络、现代化的 WiFi 以及覆盖全球的低成本近地轨道通信卫星，高速宽带链接将无处不在，而且费用仅相当于目前通信成本的一小部分。对人工智能的追捧，正托起新一轮以解决机器学习问题为主业的计算机芯片创业企业，而由此带来的芯片设计革命，当然更有希望以远超过目前的效率和质量执行计算任务。伴随着速度的提高、成本的降低以及技术普及速度的加快，制约创新和技术加速的障碍也正在逐渐消失。

人类基因组测序就是一个最有代表性的例子。第一次人类基因组测序的成本约为 27 亿美元：这次规模空前的尝试投入了大量的科研人员，为之购置的设备几乎让实验室无处落脚。完成这项任务的时间是 2000 年，在政府牵头下，整个项目持续了 13 年之久。如今，有些实验室只需投入不到 1000 美元的成本，即可完成对人类基因组的完整测序；很多实验室都能进行人类基因组的测序。随着 DNA 分析技术的发展，基因测序成本预计可在 10 年内降至 25 美元以下：在实验室里运行的高度自动化的程序，与廉价传感器连接的高速计算机，利用基因技术，探入书写生命奥秘的双螺旋深处，解读曾被视为神秘禁区的生命本源。

到底是什么推动了指数式创新

在《未来之路》(The Driver in the Driverless Car) 一书中，作者维韦克·瓦德瓦和亚历克斯·萨尔克弗详细解读了以指数型发展的一系列技术，以及这些技术所能带来的无限可能。实际上，这些多彩多姿的技术都在不断融合。这种融合或者说结合，为企业家提供了颠覆整个行业的机会。

我们已经在计算机身上看到了这种进步——它们的运行速度越来越快，而身形却越来越小。20 世纪 70 年代的超级计算机"Cray"曾被视为政府的战略性资产。这种成本高达数千万美元的超级计算机不允许出口，只能用于科研和国防。计算机本身需要安装在宽大的建筑物中，而且需要进行不间断的水冷却。今天，即便是我们很多人随身携带的智能手机，其功能都会让 Cray 自叹弗如。

这一进步验证了芯片行业的常规发展周期，即摩尔定律

(Moore's law)。在半个多世纪的时间里，计算设备的运行速度、运行效率、成本效益和性能大约每 18 个月增长一倍。现在，人们可以使用高速计算机设计速度更快的计算机。计算机以及它们所支撑的信息技术正在渗透到其他领域中。于是，传感器、人工智能、机器人技术、医学以及 3D 打印等领域同样呈现出指数型增长。对此，未来预言家、发明家雷·库兹韦尔（Ray Kurzweil）认为，当任何技术成为信息技术时，它就会开启指数型增长之路。

安装在智能手机上的相机传感器，就是诠释这种进步的一个例证。1976 年，柯达推出世界上第一台数码相机。这台超级相机的重量为 4 磅，售价为 1 万美元，镜头分辨率为 1 万像素。今天，很多手机相机已拥有上千万像素的光电传感器，而它们也只是手机的一项附带功能。我们或许还记得，直到进入新千年的世纪之交，电影制片厂才开始使用价格高昂的高清摄像机。但是，从 iPhone 9 Plus 到 iPhone 11，iPhone 手机拍摄视频的分辨率已达到早期专业摄像机的 4 倍（3840×2160 像素）。其他类型的传感器也呈现出类似的发展特征：不仅有加速度计、陀螺仪和温湿气体传感器，还有微流体⊖，并拥有小型廉价芯片的化学和生物测试性能，所有这些无不呈现出翻天覆地的变化。

传感器精度的提高和价格的降低也给制造业带来了一场革

⊖ 在狭窄空间中的行为和微小流体的操纵。

命，它们的迅速普及（"工业物联网"）让今天很多人所说的"工业4.0"成为现实。工业制造过程的效率改善源于它所能捕捉的各关键变量：压力、温度、环境湿度、废料率、铸造精度——总之，包括我们能想到的每一个术语。这些信息为工业制造流程赋予了弹性、透明的数字灵魂，它们几乎就像软件代码一样。和智能手机一样，随着传感器、连接能力和计算能力等诸多要素的成本下降，功能更强大，而且结构更紧凑，工业4.0标准即将成为可能。

当拥有指数型增长能力的技术结合到一起时，奇迹便会不期而至。这种融合让新的应用程序不断涌现，从而以旧产业的低成本创造出效率更高的新产业。

实际上，只要通过传感器和互联网取得数据，并对所有知识性工作进行计算机处理，再利用人工智能技术进行分析，我们就可以对交通量模式、犯罪率、销售情况等各种趋势做出预测。

此外，计算机也正在快速进入医学诊断领域。苹果手表和Fitbit就属于采用先进传感器技术监控使用者健康状况的医疗设备。目前，全球正在研发成千上万款类似的医疗传感器。这些传感器可以监测我们的活动水平、睡眠状况、生命体征以及体液状况；总之，我们的一切尽在它的监控之下。以智能手机软件形式出现的系统，会全天候候读取这些健康数据。在我们即将生病时，计算机就会给我们提出建议，推荐更合理的生活方式、习惯和治疗方式。正是基于传感器、云计算、医学数据库与人工智能的结合，这些技术成为可能。今天，甚至已经出现可进行无创血糖监测的传感器，比如，英国 Nemaura 医疗公司开发的 SugarBEAT 血糖检测仪已经上市，它将改变全世界数以亿计糖尿病患者的生活方式。在 10 年左右的时间内，我们或许不需要由医生为我们提供日常健康方面的建议；今后医生的工作仅限于应对复杂疾病。毋庸置疑，这些不可思议的新兴医疗技术将颠覆整个医疗行业。

技术的局限性

在我们年轻时，很多人看过《星际迷航》之类的电视剧，并梦想着成为剧中的"复制者"——制作出各种冰淇淋和甜点，或是有一台像《杰森一家》(The Jetsons) 电视剧中的机器人助手罗茜，跟在我们的身后做家务。但罗茜始终没有出现，而作为"复制者"，我们所得到的，也唯有只能打印廉价塑料玩具的 3D 打印机。诚然，当今最先进的家庭机器人就是 Roombas，但它也只不过是一台可怜巴巴的小型自动吸尘器。（当然，我们都知道，有些人确实非常喜欢他们的 Roombas！）

为什么罗茜没有到来

罗茜根本就不会存在，因为要让机器人拥有智能语音识别和发声所需要的计算能力，可能需要一台像 Cray 那样的超级计算机去操纵她，而且要包含相机、运动检测器、陀螺仪和加速度计等功能在内的传感器，同样会身形庞大，而且成本不菲。

想想当今智能手机所能做到的：这些事情已不在话下，而且手机还能做得更多。

今天，罗茜已不再是梦想，而且我们完全可以想象：10 年之后，亚马逊会用无人机把她送到我们的家里。我们还会看到，机器人将成为制造工厂、百货商场或是药房中的主力，完成以前需要由人做的事情。它们还是最及时、最勤恳的配货员，逐家逐户开车送货。很快，机器人就可以做人类能做的所有日常工作。想象一下机器人给人类社会带来的无限可能和巨大突破吧。

"复制者"也会翩翩而至。在很多国家，创业企业已奉献出 3D 打印的肉类产品和甜点。我们不仅可以对食品进行 3D 打印，还可以把制造汽车、生产电子产品、建造房屋甚至建造空间站的任务交给 3D 打印机。

所有能运用技术或是能生成数据的行业，都会迎来这样的进步。或许没有哪个行业的龙头企业不会面临经济压力，进步是它们唯一的生存之路。

但它们需要承认，尽管先进技术会带来诸多便利，但也会带来大规模的破坏、技术剽窃甚至是难以想象的恐慌。实际上，技术进步已经引发社会与道德问题，而且正在把我们带入一个别样的未来：今天所看到的职业将不会再提供大量的就业机会，而且我们需要厘清自己到底应该如何面对这个现实。随着变革速度的加快以及贫富差距的加大,社会动荡似乎已在所难免;以至于我们不得不想办法去阻止某些技术的进步。如果我们想成为工具的主人,而不是工具的受害者,那么,如何选择人类的未来,就是我们永远需要面对的挑战(这也是《未来之路》一书的核心思想之一)。

第 2 章
先进技术带来的意外后果

本章简介：在认识到采用先进技术可能带来的广泛影响之后，本章将讨论基本（一阶）颠覆性突破会如何引发二阶颠覆性突破，包括新商业模式的出现以及企业、政府及非营利组织与客户互动的新方式。此外，本章还将通过一系列案例研究和分析，一瞥"耻辱榜"的内幕，看看那些昔日高高在上的公司在面对颠覆性技术变革时，如何误入歧途，甚至一败涂地。

1995 年，美国著名的 IT 研究咨询机构加特纳咨询集团（Gartner）提出所谓的"技术成熟度曲线"（Hype Cycle，也被称为"炒作周期"）概念（图 2-1）。加特纳的"技术成熟度曲线"模型描述了新技术从诞生、成熟、完善以及被接受和运用的基本进度和阶段，因此，它在企业和分析机构中已被普遍接受并采用。尽管模型本身还不够准确，并且缺乏实证基础，但它确实为我们认识新技术发展周期提供了一个有价值的理论框架。

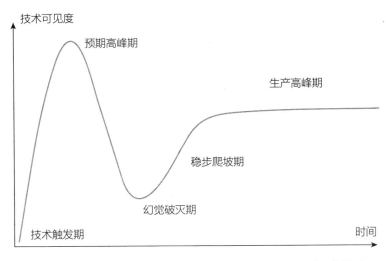

图 2-1 IT 研究咨询机构加特纳咨询集团创建的"技术成熟度曲线"模型

譬如在 VR 领域，概念的大量炒作（相当于"预期高峰期"）导致人们做出各种不切实际，甚至是令人窒息的预测——比如说，人们将在虚拟环境中度过大部分生活，随之而来的是各种漫无边际、大胆想象的文章（"幻觉破灭期"），早期的 VR 风潮开始让人们不舒服。今天，随着虚拟现实技术的普及，我们似乎正在沿着这条曲线的"稳步爬坡期"向上移动。新的 VR 装备不断出现，并开始得到人们的青睐，以前没有使用过 VR 装备的人，也开始在它们身上发现快乐，比如说，戴上 VR 装备，他们就可以身临其境地坐在 NBA 的"赛场"中。在不久的将来，我们或许会进入这条曲线的"生产高峰期"，也就是说，VR 技术成为我们日常生活中的一部分，它们不再稀奇或罕见，已经让我们觉得习以为常。在智能手机领域，iPhone 已经让我们达到了这一点。在计算机方面，达到这个阶段的代表则是 Mac 和 Windows。对一项技术是否达到这个阶段，最有效的判断方法是：某种事物"自己就能工作"，无须付出什么努力或经历学习曲线，人们即可做到信手拈来。比如说，经验丰富的手机用户，只要拿起 iPhone 手机，就可以随心所欲地操作使用。

埃弗雷特·罗杰斯（Everett Rogers）提出的创新扩散模型（图 2-2），则对技术生命周期进行了更简练（尽管更枯燥）的

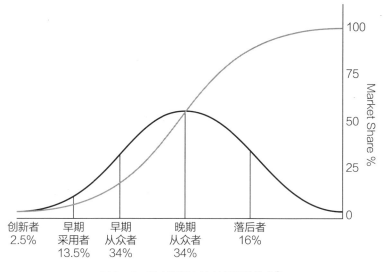

图 2-2　罗杰斯提出的创新扩散模式㊀

㊀ 在 1962 年出版的《创新的扩散》（*Diffusion of Innovations*）一书中，埃弗雷特·罗杰斯提出这一理论，对新思想和新技术传播的方式、原因和速度做出了解释。

概括。该模型解释了新技术创新得到普及传播的原因、方式和速度。1962年，从事技术传播学研究的罗杰斯教授首次提出这个理论。他采用社会传染法对创新扩散与技术传播进行了分析，并认为，创新技术的扩散过程包括四个基本要素：创新本身、传播渠道、时间和社会制度。他认为，要让一种创新实现自我传播，就必须广泛采用这种创新。为此，他把一项技术创新的采用者分为五类：创新者、早期采用者、早期从众者、晚期从众者和落后者，这与杰弗里·摩尔（Georrey Moore）在其代表作《跨越鸿沟》（Crossing the Chasm）一书中采用的分类标准是相同的。

从一阶颠覆性突破到二阶颠覆性突破

自罗杰斯的著作出版以来，创新研究人员、技术人员和企业就一直在沿着S曲线的轨迹研究创新采纳过程。随着更多创新的出现，技术采纳曲线越来越接近一条中部出现折弯的直线。这样，我们只能通过斜视才能在上面看到这条S形的曲线。图2-3显示了过去一个世纪内重大技术的采纳曲线。图形的左侧是出现较早的技术，如电话；右侧是较晚出现的新技术，如智能手机和平板电脑。曲线从左向右，总体呈现出上升态势，而且越来越陡峭，这表明，技术采纳的速度越来越快。比如说，智能扬声器和VR技术的采纳过程看上去明显更为陡峭。

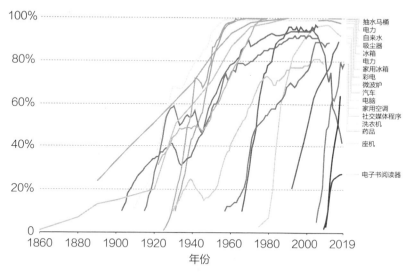

图 2-3 技术采纳步伐的加快○

这个新技术被加快采纳和运用的过程，足以证明我们所说的由突破性创新引发的颠覆性突破。当多种高速发展（或指数型增长）的技术融合为一个产品类别时，结果就是出现更快的研发与改进过程。当然，更快的研发和改进又意味着更快的成熟，反过来，又会加快技术和产品被采纳的过程。

在这方面，我们不妨考虑几项技术的发展历程。历史足以证明，电话是一种改变人类社会的革命性设备，它只采用了一

○ 在技术采纳曲线上，由左到右，曲线的斜率随时间的推移逐渐增加，曲线总体呈上述趋势，而且变得越来越陡（采纳速度不断加快）。

项创新技术——把声音信号转换为电波信号，再把电波信号重新还原为声音信号。智能手机则代表了一种功能更强大的技术。它整合了很多重大传统技术（照相机、电话、打字机和地图），并吸纳了很多能带来指数型增长的新技术，如半导体、软件、地理位置和廉价传感器等。尽管电话依旧是通信的基础，但是，融合了诸多指数型先进技术的智能手机，很快就成为人们不可缺少的必备工具。没有它，很多人或将无力管理自己的生活，当然，智能手机也在占用我们越来越多的时间。

如今，智能手机已成为新技术的主导性平台，而且还在以惊人的速度继续取代其他各种独立的设备和服务。目前智能手机携带的软件和传感器相当于数十种消费类电子设备，而每种设备的背后，都是一个利润丰厚的巨大市场：相机、磁带录音机、电话、GPS定位装置、血氧传感器和心率监测器、健身追踪器、秒表、电子（物理）卷尺和DVD播放器。凭借运算速度更快、功能更强大的处理器和成本更低、用途更广泛、精度更高的传感器，我们的手机必将获得越来越多的功能，上面提到的这个列表也必将继续延长。

实际上，面对当下数字生活带来的海量数据，不久之前的智能手机还无法识别隐藏于其中的复杂模式。这在一定程度上可以解释，Alexa和亚马逊的语音服务为什么能在短时间内异军突起：它们不仅结合了一系列突破性技术，还以AI形式融入各种精心设计的预测及模式匹配软件。随着机器学习越来越多地被嵌入我们所采用的技术中，技术本身必将发展得更快，更趋于完美。特斯拉就是一个极具说服力的例子：它不仅是一家汽车制造企业，也是一家人工智能公司。它利用汽车在驾驶过程中收集到的数据，反过来用于改进系统和软件的能力，从而让特斯拉的驾驶体验成为梦幻一般的经历。

毋庸置疑，创新步伐的加快会给更多行业带来颠覆性突破的机会。一个典型的例子就是快递业务。

指数型突破的一个典型案例：包裹快递

快递业务通常需要使用飞机、大型卡车、轮船和火车进行远程包裹运输，最后，再由快递员使用送货车、小汽车和摩托车送货上门。此外，为建立配送网络而购买或租赁仓库，也需要快递公司投入大量资金；开发网络管理软件，管理不断更新的地图数据、交通信息以及物流和规划功能。显然，这些障碍正在不断消除：优步、来福车、Postmates、Deliveroo 和 GrubHub 等平台要么使用现有的定位和线路规划、物流和包裹调度软件及定价算法，要么建立自己的软件。他们的业务无一例外地在 5 年后遍布全球。

在美国联邦航空局批准采用无人机交付包裹之后，整个快递交付模式将得到进一步升级。比汽车和卡车相比，无人机的优势是显而易见的：零排放，永远不会遭遇交通阻塞，外形尺寸小，无须人员驾驶。快递业务的成本也会因无人机的使用而直线下降，而且消费级技术即可满足这种商用无人机的要求。实际上，无人机就是一部安装旋转叶片的智能手机，因为它使用的芯片、传感器和网络链接机制都是相同的。小型送货车的价格会达到50000美元甚至更多，而最新款自操纵无人机的价格已降至不到1000美元。

无人机的使用将从根本上改变货物运输的模式，凭借创业企业和创新性传统公司的共同创新与探索，这个市场如今已趋于成熟。无人机的发展正在成为二次创新的写照，而这轮创新的源泉，则来自低成本的小型计算机、成本更低的超小型传感器、免费共享的地理位置数据以及无处不在的宽带连接。此外，无人机还会改变工厂的操作方式：采用动态的可视化质量控制和流程分析，无须在生产线的每个角落安装和连接摄像头。可以说，它是飞行版的"工业4.0"。

对传统公司而言，不断加速的技术开发既是一份福利，也是一种诅咒：它们比其他公司拥有更多可投资于技术开发的资源，但大公司的固有惯性往往会减缓新技术的接受和采纳速度。如果一个组织能规避过于僵化的组织和层次结构，接受工作方式和思维方式的变化，并能根据需要进行自我改造，那么，这个组织就会变得更敏捷，也更有韧性。在这样的组织中，领导者相信，他们的员工有能力，有智慧，完全可以寻找适合自己、适应外部需要的道路。而首席执行官的职责，就是确保他们的企业能合理运用组织资本、财务资本和智力资本：建立全新的业务线，或是迅速以更适合自己的技术重塑现有企业，打造更有希望的企业明天——当然，这些技术最初可能会让他们无利可图，但他们必须着眼于将来。在某些情况下，通过业务剥离寻求创新发展，也是一种明智之举。例如，RCA（美国无线电公司）就是根据美国《反垄断法》而从通用电气（GE）中拆分出来的。

对那些无法适应或未能通过自我调整而接受创新的组织，等待他们的命运，就是登上"耻辱榜"。

"耻辱榜"与当代颠覆者

显而易见，技术正在颠覆企业的现状。毫不奇怪，这种颠覆首先会体现在企业的资产负债表中。自 1935 年以来，标准普尔 500 指数的成员寿命已从 90 年下降到不足 20 年，而且还在持续缩短。按照目前的更替速度，不到 10 年之后，在标准普尔 500 指数的全部成分股中，将有 75% 会被新面孔所取代。被标普 500 指数抛弃的大多数股票最终将被人们彻底遗忘，或是被竞争对手收购，或是被新品牌所替代。

在这些失败的公司中，不乏 RadioShack、西尔斯、康柏、雅虎和戴尔等昔日的超级品牌。当年的大公司也有可能被赶出标普 500 指数，比如惠普、盖璞和卡夫·亨氏。有的大品牌正在沉沦，比如捷豹、路虎、克莱斯勒、全食和美国在线等。今天，或许很少会有人记得 RCA，在 20 世纪 70 年代以前，这家公司始终是收音机和电视等早期消费类电子产品市场的领军者，当时拥有世界上最有创新力的产品实验室。

"耻辱榜"里充斥着昔日令人称道的传统大公司，这些公司未能及时适应正在出现的指数型技术——它们本身甚至就是这些突破性技术的创始者。发明照相机和胶卷的柯达公司，就是一个典型的"耻辱榜"成员，这家公司成立于1880年，在鼎盛时期，雇用的员工超过12万人，也是当时世界上最有价值的公司之一。

值得称道的是，柯达始终积极开展研发活动。1987年，柯达率先进入"无胶卷"（数码）相机市场，随后，他们又开发出多款数码摄影。在华尔街的银行家心目中，即使这家公司削减成本计划的频率越来越高，他们也不会做错事，于是，柯达公司的股价也顺势上涨了三倍。作为名副其实的现金牛业务，胶卷给柯达带来了巨大优势。由于柯达管理层对数字化的未来缺乏真正投入，导致公司数字产品的业绩非常难堪。在公司内部，新生的数字业务部门似乎更像是他们从别人家领养的孩子。但现实不容怀疑：电子图像必将取代胶片图像。

但最终给柯达敲响丧钟的，则是智能手机和优质廉价数码相机的兴起。直到"新千年"到来之际，胶片摄影依旧在市场上占据主导地位。但就在几年之后，胶片摄影步入快速下行轨道。到2012年柯达公司宣布破产时，数码摄像的使用量已达到胶卷的90倍以上；在那一年，全世界拍摄了3800亿张数码照片，而同期出现的胶片照片却只有40亿张。

这也是指数型增长曲线面对的现实。正如谷歌首席工程师雷·库兹韦尔所说的那样，在指数型增长曲线上，只要一项技术的采纳率从 0.01% 上升到 1%，就意味着这项技术已完成了使命的一半。对数字摄影而言，就好像有个人一脚踏上电灯的开关：在一刹那之间，这项技术就变得更美好，成本更低，使用也更加便捷。无论是胶卷产品本身，还是柯达公司，它们的灭亡似乎就是一瞬间的事情。如果柯达认识到，它正在面对的是一种拥有指数型增长潜力的产品，那么，它或许还会直面挑战，而不是视而不见，充耳不闻。

从图形用户界面的最早创建者施乐（Xerox），到网络先驱 3Com，再到快速时尚业的先驱 Forever 21（已在 2019 年年末宣布破产），"耻辱榜"中从不缺少昔日的耀眼明星：它们曾被市场拥戴追捧，但后来却惨遭破产，或是蜷缩在曾经自己的阴影中，再无力崛起。就在我们撰写本书时，面对互联网平台的合力打压，拥有 170 年历史的英国老牌旅行社及旅游服务巨头 Thomas Cook 突然宣布破产，导致成千上万的旅行者人在途中，无法回家。

生存：一项永无止境的使命

远离"耻辱榜"是一项永无止境的任务。技术巨头 IBM 最初以办公设备为主打业务，然后又明智地转向计算机，最后，它再次调转航向，涉足技术服务和软件业务，所有这些变革的指挥家,都是具有传奇色彩的公司 CEO 郭士纳(Louis Gerstner)。郭士纳最早在 IBM 启动以业务创新为使命的正式流程,而这项流程也运作良好,并发挥了应有的作用,IBM 的"Life Sciences"就是该流程的杰作之一。但后来,公司管理层取消了郭士纳的业务创新计划。影响随之而来,为摆脱市场需求急剧萎缩的技术服务、服务器和盒装软件特许经营业务,IBM 经历了艰难的转型,才逐渐转向云计算及其他高速增长的业务领域。

由于收入连续几个季度下降,IBM 不得不采取裁员措施。即便这样,IBM 在资本支出上的投入依旧远远低于竞争对手,登上"耻辱榜"的风险似乎已近在眼前——唯一的希望,就是当机立断,迅速调整业务方向。我们真希望 IBM 能这么做。

当然,IBM 的管理者已经意识到这一风险。在得到即将离任的 CEO 罗睿兰(Virginia Rometty)的批准后,新任首席执行官柯世纳(Arvind Krishna)带领 IBM 开始了新航程,2018 年,IBM 进行了一笔"赌徒式交易",以 330 亿美元的价格收购云计算和 Linux 巨头红帽公司(Red Hat)。在此之前,IBM 始终未能在公司内部迅速启动行之有效的云业务,而且 IBM 刚刚开始涉足人工智能领域;沃森(Watson)的初次试水,也未能取得预期效果,双方合作创造的收入远低于预期,而且在医疗保健等关键领域,技术开发同样陷入停滞。事实证明,柯世纳是一位理智的架构设计者,这次收购意义重大。但是要让 IBM 真正远离"耻辱榜",公司显然还需要再次进行文化创新,迅速融入红帽的灵活性,快速消化云计算业务。

在指数型增长趋势面前，初衷良好的创新手段可能会变成多此一举。作为美国最大的报纸出版商和电视台运营商，甘尼特集团（Gannett）也曾在创新方面做出了巨大努力，但迄今为止，它始终未能摆脱印刷品市场以及电视广告市场下滑的颓势。甘尼特的股价已从2004年的历史高点下跌89%，目前，它正在尝试与一些二流媒体公司运营商进行合并。由于甘尼特控股方考虑的是削减成本，而不是以创新带来更多收入，因此，这家美国报业市场的旗舰公司正在一步步地逼近"耻辱榜"。

要理解导致众多传统旗舰企业成为市场弃儿的原因，最重要的，就是要厘清若干颠覆性破坏对一系列关键行业乃至政府带来的影响。正是在这些颠覆性力量中，隐藏着创业企业的精髓，借助于创业企业的模式和方法，传统公司才有可能取得重返创新者行列的契机。

第3章
传统创新者的窘境与新兴创新者的窘境

本章简介：在本章里，我们将重新诠释克莱顿·克里斯滕森对创新模型的展望；在当今世界中，当创新不再仅源于自下而上的攻击，而是会来自任何方向、任何角落的情况下，企业应如何认识和应对创新。为此，我们创建了一个新的模型，不妨称之为"新兴创新者的窘境"，并以此解释这一新的现实，在此基础上，我们将阐述全方位颠覆性破坏在如下五个行业的体现：媒体、零售、电子商务和语音商务、运输物流以及金融业。然后，我们将介绍三个案例，详细解析其中的几个方面：Amazon Go、Allbirds 和特斯拉。最后，我们在"新兴创新者的窘境"背景下，探讨所谓的"二阶颠覆性突破"。

1997 年，已故创新大师、哈佛商学院著名教授克莱顿·克里斯滕森出版了他的创世巨作《创新者的窘境》（*The Innovator's Dilemma*），伴随着互联网的广泛采用，当时的世界还处于数字大爆炸时代的初期。克里斯滕森认为，只要有足够好的技术创新，初创公司就可以在市场的低端产品领域发起攻击。最初,创新的流程和技术不及现有流程和技术,使得传统公司对新兴公司及其技术潜力缺乏警惕性。但克里斯滕森认为,不可避免的是,随着时间的流逝,新兴企业及其技术必将带来可观的效率改进,让它们以更低成本提供质量相同甚至更高的产品,与此同时,它们的攻击开始向产品上游进发,并最终打破整个行业的格局。

克里斯滕森在研究中发现,出于多种原因,传统公司往往缺乏适应颠覆性创新所需要的基础,此外,它们还需要依靠现有产品获得大量收益,但这恰恰会构成拖累它们持续进步的负担和风险。因此,他建议,在面临这种颠覆性突破时,公司不妨重新创办一家公司,或是创建一个独立于母公司的分支机构。新建组织的任务,就是给自己制造一个竞争对手,让这个竞争对手不断成长壮大,并最终蚕食母公司,让这个新公司继续为原始公司及其股东创造价值。

这当然是对克里斯滕森原始理论的高度简化,实际上,自面世以来,该理论本身也一直在不断创新。但《创新者的窘境》毕竟出现在不同的技术时代,其本身也会因吸纳新的指数型技术而出现突破。今天,技术开发和产品采纳的速度远非十年前所能比,以至于创新游戏的本质已发生了天翻地覆的变化。诸多复杂因素相互叠加复合,共同造就了全新的创新者窘境,相比之下,旧的企业生存环境自然简单得多,也容易得多:只要有价格更低的产品,而且甘于从盈利最微薄的市场底端起步,不断积累,就能不断向上游挺进。在这轮新的创新游戏中，了解规则是成为游戏胜利者的前提。

以下是游戏发生变化的某些重要方式：

- 竞争不再仅仅来自组织所属的行业；正如商业太空探索领军人、未来学家彼得·戴曼迪斯（Peter Diamandis）曾对我说过的那样，或许两个孩子在一间车库就可以搞出指数型创新技术。
- 模式创新胜于产品创新，而平台创新则优于模式创新。
- 公司采用新技术的时间越早，就越有可能取得成功，而后，它们就越有可能取得指数型增长的优势。否则，公司就会成为颠覆性突破的牺牲者。
- 大量可以使用的信息把市场权力从卖方转移给买方；智力资本和品牌已不能再锁定顾客。公司要么通过创造价值和创新而铸造品牌忠诚度，要么走向自我灭亡。
- 信任的本质已发生变化。以前信任的主体是机构，现在是个人。公司的名声取决于个人或社区的看法，而且信用评级和市场评论远比品牌和广告更重要。
- 在管理方面，自上而下的指令已不再有效；管理是通过沟通和说服实现的。
- 创新因多样化而蓬勃，而让创新成为现实的，则是你的员工。只有人（"集体"）才能解决问题，当然也会创造问题。

- 对员工来说，加入初创公司而非大型成熟企业已不再被视为冒险；潜在员工通常会把初创公司视为职业发展的最快路径，这里也是培育超级员工的最佳训练营。

所有这些变化的本质在于，创新是所有企业生存的关键——而且创新是自下而上的过程——它来自于人的创造力，而不是自上而下的过程——管理者的指令很难激发人的创造力。最根本的颠覆性创新体现为：所有可数字化的事物都在被数字化，而且数字化的步伐越来越快。计算上的改进为实现第一轮指数型增长提供了架构基础，数据存储成本、网络分布、带宽以及传感器成本均得到改善。随着技术进步的延续，所有载体的成本随之快速下降。于是，系统之间的相互匹配以及与技术互动方式的变化，二阶突破已开始向三阶突破转化。

信任就是一个很好的例子。公众对优步等系统平台的信任，是因为我们的社会认识到：在线声誉系统是有效的；这种声誉或许比传统信用系统更有效。尽管 Yellow Cab 这个品牌已存在数十年，作为美国最大的出租车公司之一，它的名声显然众所周知，但是从某种角度看，在钻进陌生人（优步司机）的汽车时，我们丝毫不会觉得它和 Yellow Cab 相比有什么不妥之处。没有互联网、无处不在的在线链接以及在线信任的普遍性，就不会有这种信任系统（如服务点评网站 Yelp 和 eBay）的形成和发展。

所有可能触发二阶颠覆性突破的变化，均与摩尔定律有着直接或间接联系，当然，更与数字系统的快速发展以及这些发展的持续性有关。看看那些最聪明、最善于利用指数型增长优势的公司，我们会发现，他们以面向未来的全新视角看待自己的创新——以 Netflix 为例，这家出租 DVD 的传统企业在还能赚大钱的时候，就已经在思变求发展了。

这就让我们想到所谓的"新兴创新者的窘境"。今天，竞争和突破可能来自任何方向，任何角落：来自组织的底层，来自上层，或是来自相邻领域，甚至是完全不相关的公司。剃刀俱乐部几乎在一夜之间浮出水面。而克里斯滕森的模型也说明，优步并不是从出租车市场的底层起步的，相反，它最初的业务关注点是以智能手机呼叫高档豪华型轿车，直到确立产品的市场地位之后，它才开始转向大众市场。特斯拉的起步同样是一款超级跑车，而且这款与法拉利不相上下的顶级跑车，完全是针对极少数顾客群设计的。

由于创新可以来自任何方向、任何角落，因此，传统公司需随时警惕市场的每个角落，随时做好与挑战者不期而遇的准备。

破坏方式和来源所展现出的多样性，要求公司需要以同样全新的战略应对破坏。克里斯滕森推荐给我们的对策是，为防御突兀而至的破坏性对手，老牌公司应剥离出一个独立的自制对手，使其不受约束地从头开始与母公司展开竞争。在"新兴创新者的窘境"中，竞争可能会不期而遇，并逐渐延伸到高端、高盈利的产品,从而给传统公司带来更严峻的生存威胁。在过去几年中,苹果手表的表现,已开始让人们质疑独立健身追踪器业务的市场前景(部分原因在于,作为健身追踪器市场的领头羊,智能手环制造商 Fitbit 在 IPO 后惨遭市场踩蹭,而后被整体出售给谷歌)。传统公司已不再是热水锅里的神话青蛙——丝毫没有意识到水温正在上升,相反,他们是活蹦乱跳的青蛙,他们要弄清楚,头顶上的开水到底是从哪来的。

但有一件事是清晰无误的:变革的步伐和创新的广度,已经把"创新者的新旧窘境"推向全新境地。

从 Netflix 到 Hulu 到 Cheddar 和 BuzzFeed:大众媒体的破坏力

当 Netflix 的首席执行官兼创始人里德·黑斯廷斯(Reed Hastings)决定彻底剥离 DVD 出租业务时,他的内心已经有了自己的计划:利用刚刚出现的宽带互联网,以流媒体形式创建一种 OTT 媒体服务:一种与客户之间进行一对一数据传输的服务关系。这一策略的目标不仅是为了争取 Blockbuster(Netflix 的竞争对手)的客户,还要从控制内容创造和内容传输通道(有线和卫星电视)的大型媒体组织手中争夺顾客。黑斯廷斯很清楚,公司的命运取决于网络的中立性和独立性,这也是法律要求的原则——数据传输公司不得歧视内容供应商。在某种程度上,正是凭借这个新的内容发送策略,让 Netflix 缔造出一项占据全球带宽流量（用户付费）12%以上的业务。

打造这样一个流媒体内容的庞然大物，其投入可想而知。为此，Netflix雇用了十几位才华横溢的程序员，其中很多人的年薪达到七位数。这家公司已成为全球云计算的最大消费者，每年支付的费用最初有数千万美元，而后是数亿美元。尽管并不拥有基础设施，但Netflix依旧凭借最少的资本支出，创造出世界上最大的内容分发公司。

黑斯廷斯的赌注得到了回报：带宽和云计算的成本继续下降，而Netflix则成为最大的受益者。此外，为最大程度提高带宽使用效率，Netflix在算法（包括代码和软件）的能力上同样进行了一场豪赌。传统媒体帝国动辄出资数十亿美元，建设自己的基础架构（包括服务器和数据中心等）。而黑斯廷斯的方法则是远见与胆识的结合。

当然，总得有人为Netflix租用的基础设施掏腰包，其中，最大的金主就是杰夫·贝佐斯和他的亚马逊，他们最先破解了大规模租用计算能力的难题。亚马逊是最了解摩尔定律的企业，它把大批量出售计算业务变成获取意外之财的聚宝盆，而且在贝佐斯打造的这个商业帝国中，这项业务已成为最大的利润源泉。亚马逊所拥有的谈判能力显然是无法估量的，这让它可以用更低的价格取得更好的技术，即便是在不受摩尔定律影响的领域也不例外，比如说存储、数据库、带宽、短消息服务以及电子邮件服务等。可以说，它的服务覆盖现代组织所需要的与计算相关的基础架构。

争夺市场眼球之战以及媒体公司估值的大变脸

紧随 Netflix 足迹的是视频网站 Hulu。Hulu 由几家大型内容生产商拥有，其中包括美国最大的有线电视内容供应商——迪士尼和康卡斯特（Comcast），这个平台的目标就是直接与 Netflix 展开竞争，它在与新兴企业的对峙中反败为胜，并享受 Netflix 在成本和分发环节带来的收益，从而实现快速成长。显然，这是一次来自内容业务（主要是迪士尼和康卡斯特）和内容传输通道所有者（再次包括康卡斯特）的复仇，在 Netflix 迅速崛起的过程中，两家公司当初只能甘拜下风。Hulu 采取了纯粹的 OTT 媒体服务布局，这几乎是分毫不差地照搬了 Netflix 的策略，构建云基础架构，并试图通过宽带数据连接取得客户，客户以月通信费的方式支付数据流量费，而不是像传统有线电视那样，由内容网络供应商（如 HBO 或 ESPN）向康卡斯特等通道机构支付高额通道费。

这种商业模式之所以成为可能，是因为法律禁止电信公司及有线电视公司歧视内容供应商，这就让用户能使用他们取得的宽带与其他任何服务（包括 Netflix）进行匹配。流媒体播放功能首先在美国职业棒球大联盟大获成功，随着参与该项目的专业人员开始进行专业外包，创建和运营大规模流媒体视频网络的知识也开始传播。于是，在 21 世纪第一个 10 年接近尾声时，突然之间，似乎所有大型内容供应商都拥有了自己的 OTT 服务。参与领域竞争的还有谷歌的 YouTube，它们的武器，就是一款手机视频应用软件 YouTube TV，而它们所代表的，则是来自媒体行业相邻区域发起的强势攻击。

但是，在这轮媒体颠覆性破坏中，最纯正的颠覆者则是来自内容领域的新军——譬如新闻聚合网站 BuzzFeed。BuzzFeed 由麻省理工学院媒体实验室的毕业生乔纳·佩雷蒂（Jonah Peretti）创建，其商业模式就是利用社交内容的无限可复制性，吸引更多的人参与和消费。比如说，它在脸书上直播的爆西瓜视频——看看到底需要在西瓜上勒多少根橡皮筋，才能让西瓜裂开。它的播放清单上循环播放着类似的琐碎内容，因为它的目的并不在于内容的价值，而是在于吸引消费者，并维持消费者对网站的注意力。BuzzFeed 把它对网络社会的认识发挥得淋漓尽致：从本质上说，现代互联网已成为一个猎取关注的大市场，而且只有最吸睛的东西，才能得到人们的关注；尤其是它意识到，互联网已基本摧毁了传统新闻业的价值基础。在传统的纸质出版机构，一名记者可能需要经历几个月辛辛苦苦的调查和绞尽脑汁的构思，才能拿出一篇报道，但是在 BuzzFeed，即便是把随便拼凑出的东西匆忙挂在网站上，尽管没有任何真实报道的成分，但它所带来的正面价值丝毫不亚于前者。当然，这种经营模式的鼻祖，还要归功于在佩雷蒂以前创建的网络出版物——《赫芬顿邮报》（*Huffington Post*）。

传统出版物指责这种模式是一种剽窃。但 BuzzFeed 依旧在不断占用用户"眼球"的时间,而传统媒体品牌还在为留住读者群体而绞尽脑汁。即使是在今天,BuzzFeed 依旧比很多老牌媒体资产更有价值,《时代》出版集团近乎血腥的贱卖,就是最好的例证,同样惨不忍睹的,还有昔日声名显赫的《财富》和《体育画报》。(其实,BuzzFeed 也曾雇用过一批记者进行独创性报道,但由于经营惨淡,最终不得不忍痛割爱,裁掉这个部门。)

有意思的是,这难免会让我们想到流媒体金融新闻服务商 Cheddar。这家视频节目创业企业由乔恩·斯坦伯格(Jon Steinberg)创建,之前,他曾在 BuzzFeed 担任了 4 年的首席运营官。Cheddar 的目标,就是把 BuzzFeed 的廉价但却极具诱惑力的内容风格与 Netflix 和 Hulu 的 OTT 等视频程序战略融合起来。斯坦伯格借鉴了黑斯廷斯(Netflix)和佩雷蒂(BuzzFeed)的经验,试图精打细做出一个微型的电视视频帝国。斯坦伯格将内容分类定价的策略也发挥到了极致,一方面,他牢牢拉住对内容如饥似渴的"千禧一代"的传统有线内容供应商,与它们达成分送协议;另一方面,他又发起了强大的 OTT 营销活动,向消费者直接销售内容。斯坦伯格和 Cheddar 都挖到了金矿,赚到了大钱。斯坦伯格在 2016 年年初创建了这家公司,到 2019 年夏季,他便以 2 亿美元的价格把公司卖给有线及互联网内容供应商 Altice Media,对合计投资只有 5000 万美元的投资者而言,他们仅用了 3 年时间就收获了惊人回报。相比之下,即便是《商业周刊》这样的大品牌,最后也只卖出了不到 500 万美元的现金。

全盘颠覆零售业的突破：
亚马逊（和 Allbirds）的强大威力

2018 年 10 月，拥有 130 多年历史的美国零售商巨头西尔斯公司申请破产。公司的起步并不辉煌，最初，西尔斯只是一家直接面向顾客销售钟表的邮购供应商，但这并不影响它最终成为美国最大的零售商之一，甚至已成为美国零售业的标志。在破产时，西尔斯似乎还被自己昔日的巨大身影所笼罩。这家代表性的零售商也一直在努力适应数字时代，但它所看到的依旧是每况愈下的店面和日渐衰落的周边环境。在管理者走马灯似的轮换中，西尔斯也曾试图打造一种鼓励发展和创新的企业文化，让公司走出困境，但一系列复兴计划最终都以失败而告终。除了店面选址的失误、参差不齐的服务质量和让人不放心的产品组合之外，无法对过时的软件系统进行升级，也让西尔斯叫苦不迭。更让它无法摆脱不利地位的是，它还意识到，公司始终无法利用个性化的交付或人工智能技术的优势，这让它在零售业的竞争中难逃失败厄运。

不过，即便是这家昔日最大、最有实力的零售商的倒闭，其实也只是验证了一个普遍性规律。新千年的第一个 10 年，是全球零售业动荡起伏的 10 年，在这期间，数十家公开上市的大型零售商纷纷倒闭破产。还有一些当年的零售巨人仍在泥潭中挣扎，以 Gap 百货为例，它已经在全球关闭了数百家业绩不佳的店面。环顾整个发达国家，大型购物中心纷纷关门，留下的是空空如也的庞然大物。

但空旷的购物中心只是在为一位巨星级球员留出表演舞台。毫无疑问，零售巨头亚马逊是推动这场零售业大迁徙的"始作俑者"，它给行业带来的破坏力远超过其他任何企业。在线购物井喷式的增长趋势，已让大多数实体店面（其作用可能仅限于当作配售仓库）成为成本昂贵的累赘，传统零售商突然发现，它们不得不面对全新业态的技术密集型电子商务。亚马逊的迅速崛起显然值得我们耐心寻味。

众所周知，亚马逊最初只是一家书店，而后，它迅速转型为技术巨人，然后，似乎在转眼之间，它就发展成为一个容纳数亿种商品的"万能"商店。在表面的突变之下，亚马逊带来的深层次破坏是惊人的。亚马逊已经摧毁或是正在破坏零售行业的每个基本面。为追求长期回报，它从不吝啬钱财，凭借大手笔的资金投入，亚马逊才敢尝试别人不敢尝试的风险。而这种勇气，就来自于它对当今商业领域重大突破性技术的有效利用。

在线商务及语音电商

在美国的全部在线商品搜索中，25%到50%都是在亚马逊网站或亚马逊移动平台上完成的。尽管谷歌在搜索引擎领域仍占据主导地位，但亚马逊已成为在线商品搜索的主导者。亚马逊所追求的目标，就是为客户提供有效的产品搜索服务。这种转型尚处于相对较早的阶段：电子商务的增长还在加速，而牺牲者就是实体零售业，它们的成本在持续增加。在亚马逊的在线产品搜索中，客户体验的每个要素都得到了细致入微的分析和精心策划的改进，以至于在整个电子商务领域，大多数产品设计师都非常青睐亚马逊建立在线商店的方法。

亚马逊不仅在增长最快的零售媒体中拥有主导地位，它还是语音电子商务领域的主要参与者——实际上，亚马逊一直试图在消费电子领域有所作为。语音助手已成为技术市场中增长最快的板块，而亚马逊则凭借 Alexa 语音助手驱动的产品成为领军者。实际上，早期研究也说明，亚马逊一直青睐于让语音搜索结果优先推荐自己的产品（就像我们在 Amazon.com 上进行的产品搜索）。

运输和物流

可以说，亚马逊树立了零售业的新范例，而它的手段之一，就是让亿万客户相信，他们在亚马逊上购买的每一件商品，都会在两天或更短时间内送达。如今，这一规范或将让位于更"偏激"的新规范：大多数商品可实现当天交付。凭借这样的模式，亚马逊正在颠覆零售业的运输和物流环节，而且这对整个零售业都是至关重要的。它的飞机和卡车运输队可以从数十个配送中心独立发货，也可以为其他数百万家企业提供物流及配送服务。换句话说，大多数人可能还不知道，亚马逊可能是世界上最大的物流和运输企业。如果考虑到亚马逊所能动用的第三方物流快递合作伙伴，那么，它很可能已成为世界上最大的物流快递企业。

不仅如此，亚马逊还在运输领域引领了一场革命：它正在积极尝试使用无人机送货，随着电池续航时间的持续提高以及无人机成本的大幅下降，这种模式或将成为未来最有希望的最后一站交付标准。在英国、澳大利亚和美国，无人机送货很可能在未来5年内获得法律认可，并得到普遍使用。一旦成型，无人机送货有可能让亚马逊完全拥有自己的供应链，而无须通过第三方合作伙伴完成最后一站的交付——实际上，这不仅是一项巨大的费用，也是从仓库到最终交付整个链条中最大的不确定性来源。

纵观全球，亚马逊是采用机器人提高仓储出货效率的领导者（其中也包括中国的竞争对手阿里巴巴），此外，为巩固自身地位，亚马逊还收购了Kiva系统公司等多家顶级机器人创业企业。这些机器人正在迅速取代人工劳动。例如，亚马逊使用大型机器人手臂堆放货物箱，采用低矮的300磅轮式机器人在仓库地板运送成堆货箱，这些举措大大提高了仓库内的工作效率。以前，人们习惯于把货箱堆放起来，然后再由人工推动堆垛；现在，他们只需操纵机器人，最大的人工劳动就是维护和修理这些机器人。亚马逊在纽约市史坦顿岛拥有近8万平方米的货仓；此外，亚马逊还拥有很多大规模的仓储设施。在中国以外，还没有哪一家零售商能达到如此规模的自动化程度（沃尔玛是一个例外）。最初，还有一家竞争对手确实在仓储、物流和自动化等方面让亚马逊略感逊色，这就是 Diapers.com，但亚马逊的对策就是收购这家公司。

金融

在传统意义上，零售业的策略就是薄利多销，低利润率是整个行业的常态和特征；再加上供应链的挤压，对可能在一年内不能出售的商品，它们会要求零售商预付款。但是现在，亚马逊向数以万计利用网站出售商品的商家提供贷款和其他融资。亚马逊之所以愿意从事这项业务，是因为它可以借此了解供应商的销售业绩，从而详细了解潜在利润率。此外，亚马逊还可以通过这项业务获取大量数据，深入了解供应链中各企业运营方式的每个细节。与此同时，为进行品牌重塑，亚马逊也在生产自有品牌的商品，当然，对于高利润率的品类，亚马逊的参与程度更为积极。因此，它很清楚每件商品的制造成本，这些数据提供了丰富的信息，帮助它确定应为哪些供应商提供贷款，以及提供多少贷款最为合理。

想涉足金融业的，显然并非只有亚马逊一家。有些刚刚创建的销售网点系统，比如 Square，也会根据商家的现金流情况提供贷款。作为新一代优先依赖移动程序的纯互联网银行，英国 Monzo 等平台的经验同样让人们看到，即便在这个对信任最敏感的行业，甚至无须设置任何实体分支机构，只要能以无与伦比的低廉价格提供卓越非凡的客户体验，依旧可以赢得广泛接受。

如今，很多初创的保险公司都在寻求简化承保的经营模式，它们采用机器算法快速获取客户的信用记录，查看申请人的财产信息，研究申请人的在线行为，并在几秒钟内完成保单的审核和发放工作。作为传统的汇款服务提供商，西联汇款（Western Union）面对的挑战不仅有来自 PayPal 等新经营模式的挑战，还要承受 TransferWise 等顶级大公司的低价格打压，它们正在迫使银行放弃某些盈利丰厚、价格高得离谱的传统收费——比如电汇的手续费。

Amazon Go 与实体店

今天，亚马逊已在全球各大城市中心地段开办了数十家无人超市"Amazon Go"，其中的任何一家最初都会让人们想到高档便利店或小型市场。这些商店只有几名员工，他们的工作就是到处为顾客提供帮助。在这里，有一件事是不需要他们提供帮助的：那就是购买商品。要进入亚马逊的无人超市，你只需启动手机上安装的 Amazon Go 应用软件。一旦在智能手机上运行这款程序，你就可以随心所欲地进行购物，无须像实体店那样，浏览各个柜台，还要在收银机前排队付款。

当然，很多年以来，零售业就一直在朝着建立无现金商店、无现金市场的方向努力，但亚马逊无人店的机器人让这些梦想成为现实，它们的功能覆盖了与购物者互动的每个方面。通过无处不在的摄像头，可以捕捉到购物者的每一个动作，甚至跟踪他们的眼球移动，为补货决策提供依据；亚马逊未来还有可能采用更先进的面部识别功能，这甚至不需要消费者打开手机应用程序，即可自由购物；钱包、银行账户和信用卡的密码都可能成为你的脸。即使现在，每个亚马逊无人店都像是一个人工智能实验室，与亚马逊庞大的蜂巢思维大脑相互联结。这些无人店与其拥有的Whole Foods百货连锁店相得益彰，使亚马逊在实体店与在线行为之间创造出一个完整的闭环体系，从而对买方行为做出最完整的分析，这些都是以往任何企业无法企及的。在线行为与线下购买互动互补，为所有决策提供最全面、最有价值的依据，并最终让所有决策更有效。

亚马逊正在重塑零售业

考虑到亚马逊在技术和创新方面投入的巨资，显而易见的是，这家公司正在重塑整个零售行业。传统零售业也在努力适应新的市场导向，与时代保持同步，颠覆性破坏正在全方位到来。当然，这不是说，再聪明的传统零售商都无力参与竞争和创新，但这些大型传统公司所面对的竞争，的确不止来自亚马逊这样的超级巨无霸，还有无数正在如雨后春笋般出现的新兴企业。剃刀俱乐部的故事足以让我们体会到这一点：这家公司进行了营销创新，并对商业模式稍作调整（采取订购方式销售剃刀），从而在传统公司尚未做出反应之际，便抢占了市场份额。

与亚马逊最接近的另一个例子是在线眼镜零售商沃比-帕克（Warby Parker）。在宽带刚刚出现时，人们都认为，要在网络上出售需要有人情味、量身定做且高度依赖个人品位的产品，几乎是不可能完成的奇迹。但 eBay 从中牵线，最终促成了这种交易。在创建最初的时候，沃比-帕克只是一个以二手商品、非零售性服装、收藏品及其他物品为主的 P2P 市场。鞋类产品在线零售网站 Zappos 是最早涉足高接触在线零售的平台之一（毫不奇怪，后来 Zappos 也被亚马逊收购）。沃比-帕克不仅获得了较高的评价，而且还凭借在线业务的盈利创办了线下实体店。这些实体店的单位营业面积收入额在各类实体店中也属首屈一指。（当然，在非奢侈品零售业务中，实体店的领先者大多属于苹果公司，这同样不出意料。）更令人瞠目结舌的是，这些新兴零售商的成长步伐正在加快。实际上，这与上节中提到的技术、业务和消费趋势是同步的。

Allbirds：两年内创造从零到 10 亿美元的奇迹

打造一款采用高档面料技术和环保甘蔗泡沫，并以新西兰美利奴羊毛为主材的运动鞋，以舒适环保为基调，博取精英级风险资本和创业企业投资家的青睐，然后在短短几年内缔造一家市值10亿美元的公司——这样的想法似乎过于愚蠢，以至于只能当作黄粱一梦。但这恰恰就是Allbirds的成长轨迹。与剃刀俱乐部一样，这家位于旧金山的服装鞋类创业企业，凭借高度专业化的直销方式，在短时间内实现了迅速增长。Allbirds还有更多值得炫耀的对象：采用高度差异化技术，制造具有极强抗异味和舒适性的鞋类产品。它采用以羊毛编制而成的面料与甘蔗渣制成的特殊类型泡沫，打造出一款几乎零碳足迹的鞋类产品。而且Allbirds还慷慨地发布了这款泡沫材料的制造配方。

作为技术领域的宠儿，Allbirds很快便占据市场主流，并通过自己的网站出售大部分产品。和沃比-帕克一样，Allbirds也选择主要城市的豪华地段开设实体店铺。具有讽刺意味的是，由于Allbirds大受欢迎，以至于引来亚马逊的关注，2019年9月，亚马逊推出了自己的仿制产品。

可以说，Allbirds的成功源于早期高接触在线零售产品创业公司的成功，并参考了Zappos（免费送货和退货）、沃比-帕克以及Bonobos的成功经验。凭借快速有效的营销，Allbirds把这些企业的成功要素汇聚于一处，提炼出一套专属的创新产品组合，然后再借助传统分销方法，进入规模庞大但更稳定的市场。

但对比两家公司的结果可以看到，它们之间最显著的差异体现在实现颠覆性突破的速度上：Allbirds努力创造了一个全新的细分市场，在短短两年的时间内，它就彻底颠覆了鞋类市场。如今，创建垂直整合性零售链已无须巨大的资本投入，因此，这种整合比以往任何时候都要容易得多；与传统鞋类制造商不同的是，Allbirds 的现金流转周期比以前更快，而收回现金的等待时间则更短。

在零售业中，"快时尚"始终是增长相对较快的领域之一。Gap 旗下的"老海军"（Old Navy）品牌远比其他姊妹品牌更成功，以至于公司曾考虑将这个品牌单独分立，通过拆分为一家独立实体并谋求公开上市。但 Allbirds 则向人们展现出，初创公司可以通过无数种方式迅速夺取市场份额。

特斯拉汽车——展现软件与艺术的无穷力量

经过不到十年的设计生产，特斯拉便成为全球最畅销的电动汽车。2018 年，特斯拉的销量不仅超越其他所有电动汽车品牌，甚至让很多大型汽车集团自叹弗如：它总共交付了 245240 辆汽车，并在插电式全电动汽车市场中占据了 12% 的份额。特斯拉汽车在美国本土的销量从 2017 年的 48000 辆激增至 2018 年的 182400 辆。市场评论家毫不吝啬地把赞赏奉献给特斯拉汽车，而新车的安全性能也的确令人欣喜。实际上，汽车制造商也可以选择苹果这种以客户为中心的软件公司所采取的理念，在这个方面，特斯拉无疑为我们做出了最好的诠释。据传，苹果公司曾考虑对漂亮的硬件和精致的软件组合收取高额费用。在特斯拉缔造的诸多神话中，一个非常吸引人的话题就是他们采取的特殊加速方式，特斯拉的一款汽车（Model S P85）从静止到60英里/小时，只需要不到2.3秒的时间，这也是量产车历史上最快的加速度。公司CEO埃隆·马斯克甚至开玩笑地把这种特性称为"狂暴模式"。谁不想拥有这样一辆拥有"狂暴模式"的汽车呢？

实际上，凭借与众不同的思考方式以及豪赌汽车市场的指数型增长趋势，马斯克已经彻底颠覆了整个汽车行业，他认为，这些新的思维和趋势必将让特斯拉更好地走上二次创新之路。对初驾者来说，特斯拉给他们带来的感觉，就像这部汽车恰好就是一个有躯体、有座椅的软件，而不是由软件操纵的汽车。可以肯定的是，当今的所有汽车产品都需要安装大量软件程序：每辆汽车都要包含数百万行计算机代码，对大量关键系统和车载计算机进行控制。但是按马斯克的要求，特斯拉必须拥护软件精神，换句话说，它应该是一部软件，而不是没有逻辑的机器；汽车随时进行自动软件更新，不断提高汽车的性能和安全性。"狂暴模式"本身也是一种软件更新；这个令人惊喜的意外，让很多评论员把这种快速软件升级模式比作电影中的"彩蛋"。

把驾驶系统内置于能自动更新的软件，会带来很多好处：更高的速度、更大的灵活性，以及添加新功能的简洁性。当然还有安全性，它让我们充分体会到特斯拉利用人工智能的独特方式。如前所述，特斯拉把它的汽车看作一个智能网络。公司通过路上行驶的汽车持续收集数据，再利用这些数据改进汽车性能，更重要的是，为无人驾驶汽车提供必要的机器学习系统；此外，它还拥有最大的汽车道路数据库，这就为制造自动驾驶汽车系统提供了必要的技术支持。当然，这并不是说，其他汽车制造商没有在收集数据。但特斯拉打造的技术架构不仅依赖于它的汽车，而且始终与自己的汽车保持联络。这也是特斯拉汽车战略的核心。

特斯拉的第三项创新体现于电池。尽管这项创新的影响力更接近于线性，至少现在还谈不上指数级别，但它足以反映出马斯克的思维。为确保以合理价格提供具有足够续航能力的电池（制造汽车电池中的一种基本元素是锂，目前处于供不应求状况），特斯拉决定建造自己的超级工厂 Gigafactory，这将是世界上规模最大的电池工厂之一。按照特斯拉的分析，要得到主流消费群体的接受，就必须确保汽车价格低于或者至少不高于同类的传统内燃机汽车，考虑到电池是无人驾驶汽车中成本最高的部件，因此，整车价格的下降必须有赖于电池价格的下降。此外，拥有自己的电池工厂，还可以让特斯拉独立掌控自己的命运。目前，几乎所有其他汽车制造商都需要向第三方采购电池。

当然，特斯拉的终极愿景还远未实现。马斯克曾屡次公开表示，应该把特斯拉视为特洛伊木马，它将重塑全球能源供应，并从根本上把当前能源供给转换为可再生能源。特斯拉的家庭级电池业务与超级工厂的目标相互匹配，而特斯拉的太阳能电池业务（近来始终处于滞后状态），则把特斯拉的命运推上近乎失控的指数型成长快车道：太阳能电池板成本正在直线下降。在某种程度上，特斯拉的发展轨迹恰恰说明，创新和竞争也有可能来自相邻领域。因此，在本质上，特斯拉并不是汽车制造商，而是软件生态系统中的侵入者，在它的身上，很少有汽车的基因。

如果说特斯拉已经成功，似乎还为时尚早。这家公司目前仍负债累累，很多卖空投资者认为，它肯定还要筹集更多的外部资金，但这些外部资金注定会让特斯拉付出高昂代价。但迄今为止，真正付出惨重代价的，却是这些做空马斯克的投资者。但不可否认的是，特斯拉对全球电动汽车行业的认识，确实有一厢情愿的味道，但它所做的事情，是数十家其他公司曾经尝试但均未能成功的事情。然而，不管怎样，特斯拉的设想正在推动全球汽车业巨头以相同的思维推动电动汽车计划，并大规模投资于自动驾驶汽车；也正是这种思维和设想，让 SpaceX 迫使大型卫星发射供应商不得不重新认识传统的火箭制造与卫星发射方法。

二阶"创新者的窘境"

仔细分析上述针对行业颠覆者的示例——包括 Netflix、亚马逊和特斯拉，我们会发现，在它们当中，无一不满足克里斯滕森在传统"创新者的窘境"分析模型中采用的标准。特斯拉首先从超高端产品打入市场：它的第一款 Roadster 纯电动超级跑车目前已成为收藏级产品。Roadster 首次发布时的售价约为 10 万美元。从此以后，特斯拉开始向下游狂奔，直到最近已进入低端汽车市场。亚马逊也不是自下而上地开拓市场：它采用了系统思维方法，然后再把这种方法从一个行业推广到另一个行业，从而对零售行业的方方面面进行改进。从某种意义上说，亚马逊所依赖的策略，是以创新性思维认识一项业务，而不是创新性业务本身。

Netflix 和 OTT 内容供应商确实降低了传统有线电视和付费电视供应商的成本；在这三个案例中，Netflix 的经历与经典的"创新者的窘境"案例最为贴近。实际上，Netflix 只是一家伪装成内容供应商的技术公司，它利用自己在视频交付领域的专业知识和人工智能，对内容交付技术进行大量投资，在用户观看一段视频之后，Netflix 会自动推荐下一个视频。这显然不是一种自下而上，或者说从头开始的创新。它所改变的，是一种与各种设备用户进行互动的方式，一种完全依靠付费订阅构建起来的庞大架构。如果将 Netflix 的战略与制造钢筋的新兴制造商相比，显然是没有任何意义的。换句话说，创新游戏的规则显然已经改变。在下一章中，我们将探讨传统公司的什么会失败，以及当下企业创新依赖于什么。

第 2 部分

自上而下的创新为什么经常会失败

在指数型增长时代到来之前，很多公司的失败是因为遭到竞争者自下而上的创新，或者说底层创新，但实际上，行业的破坏力量大多来自内部，正如克莱顿·克里斯滕森所验证的那样，这是一种来自正面的攻击。但进入指数型时代，我们已经发现，随着全球变化方式的多样性，传统企业的失败完全有可能基于其他原因。

更重要的是，今天，企业倒闭的速度更快：竞争正在愈演愈烈，技术变革日新月异，即便是在资本密集型行业中创建新企业，成本也会大幅下降，客户对品位的需求更加挑剔，这一切让传统企业迷失了方向，让他们很难再有充裕的时间去思考如何更有效地与初创企业竞争。正如我们在上一节看到的那样，正是出于这个原因，道琼斯工业指数中的成分股正在加速轮换，甚至不久之前还被视为创新先锋的公司，也不得不在艰难中追赶竞争对手。

快速创新尤其需要谨慎的协调，这在波音及其"737 Max"的近期遭遇中显露得淋漓尽致，他们相继遭遇一系列连锁事故，导致数百人丧生。正是出于对失去市场份额的担心，促使它贸然加快产品开发速度，但却没有采取相应的安全体系，以为加速发展提供不可或缺的安全性保障。

对传统公司而言，同样具有挑战性的是，实力的集中归根到底来自于技术优势。当然，这种实力还有赖于最新技术被更早地用于更重要的职能。经济学家早已注意到，在每个行业，少数成功企业都会通过行业整合实现盈利快速增长。在某些情况下——譬如金融业，这种整合可能来自监管俘获㊀。但是在其他情况下，这种整合则是公司善于把握某种特殊能力所带来的自然结果，埃里克·布莱恩约弗森（Erik Brynjolfsson）和安德鲁·麦卡菲（Andrew McAfee）把这种力量的源泉称为"第二次机器革命"。对此，他们写道，"相比于第一次机器革命——以蒸汽机及其衍生品代替肌肉力量所做的事情，在第二次机器革命中，计算机及其他数字技术的进步正在作用于我们的精神力量——这是一种用大脑去理解和塑造环境的能力。"在第一次机器革命中，公司用数十年时间理解如何重造工厂，以便于让机器更好地适应新动力源，而不是水车之类的原始动力。

比如说，利用水力的工厂通常采用垂直堆叠结构，这样，工厂就可以从缓慢旋转的水轮获得能量。随着时间的推移，蒸汽机以及随后出现的电力可将能源在整个工厂均匀分配，于是，工厂老板开始采取平面布局，尽可能减少垂直方向的运动。当然，这种优化的极致体现是亨利·福特的流水装配线，它让汽车的组装时间从接近半天缩短到两个小时以内。

哪怕只是想想这些转变，我们都能感受到反复探索和试验所带来的痛苦。而早期胜利者的成功之道，就是更好地从根本上掌握第一次机器

㊀ 监管俘获（regulatory capture）指某个行业的监管机构不再维护公众利益，而是支持所在行业的大公司，导致这些监管机构被大公司所"俘获"。——译者注

革命带来的技术进步，兑现他们对未来世界的憧憬——创造出大规模的赚钱工厂，以此获取可观的利润，并最终实现他们的愿景。 在当下的第二次机器革命中，我们或许会看到类似的机制——更高效的公司率先学会使用指数型先进技术，从而加速了业务发展，并最终获得实现超额利润的能力（顺便说一句，这也会给最优秀的人才提供更好的激励）。

今天，掌握和维护这种能力要比以往时候都更加困难。 在克里斯滕森的《创新者的窘境》一书中，我们看到的大多数示例均为单一创新造成的困境，这样，传统企业很容易识别创新带来的威胁（尽管它们通常认为无须重视这些威胁，创新尚远离市场，因而还不足以影响到它们的利润）。 但如今，困境则是由诸多指数型先进技术相互结合而造成的。

诚然，从克里斯滕森首次提出这个概念以来，我们已掌握了很多关于创新的知识，在这一部分中，我们分析了很多针对创新的常见假设，并揭开隐藏在这些假设背后的真相。 随后，我们将深入探讨导致公司陷入困境的常见问题，并尝试从现代技术的视角去解释这些现象，进而改造社会与沟通结构。

第 4 章
错误的假设、破损的模型和徒劳的努力

本章简介：本章回顾了组织在尝试培育和普及有机实用创新方面采用的失败策略和措施，包括创新集群、硅谷前哨站和专业企业创新团队等。在此基础上，我们分析了这些策略的失败原因，以及为什么说硅谷奇迹是难以复制的。

有些读者还会记得 20 世纪 90 年代那段平静而祥和的创新时期，在那个时代，似乎一切皆有可能，政府以各种策略刺激整个城市追逐创新。当建设科学园区和硅谷的消息公之于众时，可以想象到会带来怎样的希望和兴奋——这些被称为产业集群（industry cluster）的技术中心曾让人们兴奋不已。但是，大多数美妙的想法最终还是破灭了，大多数以激发自上而下式创新浪潮为目标的尝试，最终都无疾而终。

企业和政府可以从这些失败中汲取重要教训。创新中心的发展应该是由内而外、自下而上的，现在如此，将来永远如此。尽管企业高管乐此不疲，趋之若鹜，但企业硅谷前哨站只是一场浪费时间和金钱的潮流；通过潜移默化带来的创新并没有达到效果，部分原因在于，这些前哨站只是外表浮华、徒有虚名的噱头，而不是被当作产品开发的核心——因为它们完全脱离企业而存在，因而也不会与公司面对相同的生存与发展压力，更不用说和企业同甘共苦。

企业创新中心也大多以失败而告终。把创新任务分配到组织的各个部门，会导致实现创新的概率大大减少，也无法得到整个组织的支持和接受，并最终带来毫无意义的创新泡沫。从更大范围看，即使拥有相对强大的计划，但把研发支出花到虚无之处，自然不会有任何结果，在这种情况下，研发预算水平与公司绩效之间缺乏明确关联。单纯依赖金钱，既无法购买创新，也不能让企业文化变得更有创新性，更有活力。

另一方面，我们有充分证据表明，打造创新性文化或是有利于刺激和奖励创新先驱的文化，必将有助于实现创新。但所有这一切均以人为本。而且这么做并不需要投入多大成本。我们将在本章最后部分讨论企业文化带来的影响，并在本书后续章节详细探讨这个话题。

产业集群的失败

到 20 世纪 60 年代，硅谷已完全巩固了它作为世界一流技术开发中心的地位。硅谷的腾飞之旅起步于电子行业的商业化，由此打造出了产学研相融合的合作伙伴关系，并很快就在附近的斯坦福大学与硅谷高科技公司形成良性循环。法国总统戴高乐曾参观硅谷，在旧金山以南的农场和果园中，巨大的产业研究园区让他感到无比的震撼。

最经典的产业集群

在加利福尼亚州的圣何塞市，仙童半导体公司（Fairchild Semiconductor）的早期创业团队利用硅材料制造出世界上第一块集成电路。随后，团队的两名成员戈登·摩尔（Gordon Moore）和罗伯特·诺伊斯（Robert Noyce）集体出走，共同创建了英特尔（如图4-1所示）。

斯坦福大学是很多成功企业的摇篮，包括惠普、瓦里安医疗系统公司（Varian Associates）、沃特金斯-约翰逊电子（Watkins-Johnson）和应用科技公司（Applied Technologies）。（当然，惠普后来成为一个全球标志性品牌，并一直生存到21世纪的今天。）这些公司引领了科技前沿，并吸引更多公司纷至沓来，共同致力于创新和打造共生关系。这个创新网络为创造有史以来最大规模的科技企业装配线奠定了理论基础——可以说，它也带来了有史以来最大规模的造富运动。毫无疑问，这里发生了不寻常的事情——既有创新的飞跃，也有企业家精神的集体迸发。

图4-1 于1970年的戈登·摩尔和罗伯特·诺伊斯。两人于1968年离开仙童半导体公司并创建英特尔。

图片来源：Intel Free Press

毫不奇怪，硅谷的成功得到了全世界的认可，而且也确实有很多地区试图复制硅谷的机制和成功。再建硅谷的第一个大规模尝试出现在20世纪60年代中期，当时的主导者是来自新泽西州的一批高科技企业财团。有必要指出的是，早在硅谷出现的几十年之前，美国无线电公司及其创建的分支机构大卫-萨诺研究中心（David Sarno Research Center）就已成为新泽西州的创新引擎。

这个新泽西州财团找来了弗雷德里克·特曼（Frederick Terman），当时，特曼已经退休。他曾在斯坦福大学担任副校长、教授和工程系主任等职务。特曼经常被人们称为"硅谷之父",是他一手把斯坦福大学这所年轻的工科学校打造为创新巨头的摇篮。当时,特曼积极鼓励科学系与工程系密切合作,并与附近的企业家和志趣相投的公司保持联系,从而让应用研究紧紧抓住解决行业问题这个核心,由此,特曼创造了一种提倡合作和信息交流的文化,这种文化在硅谷迅速扎根,至今仍是定义和塑造硅谷精神的基石。

新泽西州迫切希望能克隆这种创新机制,并以此创造惊人的成果。当时的新泽西州已是全球领先的高科技中心:它是725家公司实验室的所在地,其中包括美国无线电公司、默克公司以及贝尔实验室等。这里聘用了约5万名科研和工程人员。但问题在于,由于当地没有知名的工科大学,因此,新泽西州的本地公司不得不对外招募新人。当时的纽约大学、洛克菲勒大学以及纽约的其他州立大学尚未成为有实力的研究机构。尽管普林斯顿大学就在附近,但当时的教师大多不喜欢与行业开展联合研究或是与行业进行密切合作(但奇怪的是,为政府制造原子武器却是新泽西州的强项)。因此,在贝尔实验室最高管理层的带领下,新泽西州的企业和政府交给特曼的任务,就是创建类似斯坦福大学这样的高等学府。

尽管特曼为此制订了一项计划,但却未能为实施这项计划取得必需的支持。原因很奇特,原本最想促成这一改变的行业,却不愿意而且也不会参与这项计划。在发表于1996年的《出售硅谷》一文中，作者斯图尔特·莱斯利（Stuart W. Leslie）和罗伯特·卡根（Robert H. Kargon）指出，美国无线电公司不会和贝尔实验室签署合作伙伴关系，埃索石油拒绝让最优秀的研究人员进入大学，而默克这样的制药公司更愿意把研发经费留给自己。尽管它们都知道，就长期而言，共同合作注定会让它们携手进步，但这些大公司还是拒绝与竞争对手合作。

特曼后来曾在达拉斯尝试过类似的计划。但出于类似原因，他在这里再次折戟。

后来，哈佛商学院的著名管理学教授迈克尔·波特（Michael Porter）提出另一种创建地区性创新中心的方法。波特建议，直接在现有的研究型大学进行发掘，而不是依靠与企业的合作。他的逻辑很简单，但并不新颖：相互联系的公司与专业供应商在地域上的集中，将为知识密集型产业提供更强大的生产力和成本优势。此外，集群迸发的智力资本会刺激新企业的创建。波特假定，如果把这些要素结合起来，就像把各种佐料添加到一锅汤中，那么，该区域就有可能出现创新集群。

于是，波特及大批支持这种方法的咨询顾问开始在全球范围尝试这种自上而下的创新集群。他们的模式完全是相同的：选择热门产业，在研究型大学附近建立科学或创新园区，然后，通过为选定产业（例如生物技术或半导体研究）提供财政补贴和激励措施，鼓励创建新公司，吸引风险资本进入园区投资。

但这最终却酿成了一场创新灾难。

遗憾的是，这锅汤始终没有煮熟。在全球各地，数百个园区如雨后春笋般出现，为此投入的资金高达数百亿美元，而且无不希望从头打造一个迷你版的硅谷复制品。但是，我们始终找不到一个像硅谷一样的创新案例：真正实现具有自我复制能力的创新。识别创新的要素很容易，但事实证明，创新的完整配方似乎没那么清晰。

波特和特曼所忽略的是，无论是学术界和产业界的支持，甚至是美国政府对航空航天和电子学军事研究的资助，都不是缔造硅谷的关键催化剂。相反，成功的核心就在于人和关系，这也是特曼在斯坦福大学教职员工及行业领导者中始终谨慎对待的两个方面。勤奋和不可复制的流程，共同打造出具有自我繁殖能力的社会资本和智力资本，在近50年的时间里，让硅谷始终占据全球创新的制高点。

缺失的要素：文化、人与真实的联系

加利福尼亚大学伯克利分校的安妮丽·萨克瑟尼安（Annalee Saxenian）教授始终坚信文化、人与关系对打造创新的重要性。在1994年出版的著作《区域优势：硅谷的文化与竞争》（*Regional Advantage：Culture and Competition in Silicon Valley*）一书中，她深刻剖析了硅谷与128号公路（波士顿周围的高速环城公路）的演变历史，以说明为什么其他任何地区始终无法复制加利福尼亚的成功故事。

萨克瑟尼安指出,在20世纪70年代之前,波士顿在创业活动及风险资本投资方面还远远领先于硅谷。在那个时代,当地诞生了很多著名的高科技公司,包括数据设备公司(DEC)——也是当时全球最有实力、最赚钱的计算机公司,还有声名显赫的王安实验室(Wang Laboratories)。实际上,由于128号公路靠近东海岸的工业中心,因此,这里确实拥有名副其实的信息集中优势。尽管硅谷更靠近位于南加州的部分航空航天生产基地,但是在那个时代,东海岸及加州中西部地区的工业活动更为活跃。

尽管是波士顿开辟先河,但到20世纪80年代之前,硅谷和128号公路似乎没什么区别:依旧是规模各异的高科技公司、世界一流大学、风险资本家和政府军工的枢纽。而后,硅谷开始异军突起,把128号公路远远地抛在尘埃中。如今,波士顿在接受创投资金的数量、创建公司的价值以及创投控股公司带来的就业机会等方面,依旧排在第二位,被硅谷远远地抛在身后;很多人认为,波士顿是代表相对创新力的最佳标准。

从根本上说,导致硅谷在创新方面完胜128号公路的一个基本元素,就是文化。硅谷的跳槽率和创建新公司的比例都非常高。职业关系网和便捷的信息交换带来了更大的流动性和包容性。这些软特征让硅谷拥有其他地区无法比拟的优势。硅谷的企业很清楚,合作和竞争并存即可带来成功。这甚至出现在州法律中：加利福尼亚州禁止使用竞业禁止协议，不鼓励针对以前雇员提起诉讼。(因此，迄今为止，世界上很多大型对冲基金和金融机构均拒绝在加利福尼亚聘用知识型员工，这也充分揭示出这些机构的本质及其对创新的态度！)

开放系统的巨大包容力

硅谷的全新生态系统，为尝试、冒险以及成功与失败教训的分享提供了温床。更具体地说，硅谷是一个开放式系统——这是一个欣欣向荣、面向现实世界的社交网络，而且这个网络早在脸书之前即已存在。更清晰地说，在整个人类历史中，类似的创新根源曾屡次重现。荷兰就曾拥有很多这些特征，在长达几个世纪的时间里，荷兰都是一个人口稠密的沿海小国，但荷兰人曾取得过令人赞叹的创新成就，并一度在全球经济活动中占据相当高的份额。早在硅谷成为创新中心很久之前，荷兰就已经拥有了一个鼓励冒险并得益于思想和人员开放的社交网络。此外，荷兰还和硅谷拥有另一个共同点：对其他生活方式和其他文化的包容性。因为它们都愿意无条件地接受和拥抱最优秀、最聪明的人才，因此，硅谷让全球的人才纷至沓来。

在加州大学伯克利分校教授安妮丽·萨克瑟尼安的协助下，维韦克在杜克大学进行的一项研究发现，从 1995 年到 2005 年，在 52.4% 的硅谷工程技术类初创公司中，至少有一名甚至多名来自美国以外的创始人。这个数字是全美平均水平的两倍。对于像维韦克这样的外国移民而言，他们会发现，自己很容易适应硅谷，并被硅谷所接纳。参与规则被普遍接受，在硅谷，所有居民既参与现有社交网络，也会建立自己的网络。比如对南亚人来说，印度企业家协会（TiE）已成为硅谷大家庭中一个非常重要的小社交群体。

很多人都听说过"Paypal 黑帮"或是早期苹果离职工程师的硅谷创业故事。这些社交网络很容易相互交差或直接合并，例如，作为 iPod 的主要设计师和产品构思者之一，托尼·法德尔（Tony Fadell）创立了家用恒温器公司 Nest，这家公司后来被苹果的竞争对手谷歌以 32 亿美元的价格收购。

同样重要的是，在这个网络中，所有人都是基本平等的。当然，对以 10 亿美元价格出售公司的创始人或是曾就职于传奇硅谷公司的工程师来说，创业可能没那么困难。但有一点是可以肯定的，对于最聪明、最有实力的硅谷人来说，只要他们坚持不懈，彬彬有礼，而且不乏说服力，那么，即便是写在餐巾纸上的创业计划，也能找到听众，帮助他们的梦想成真。

这种创建关系和分享思想的自由是最重要的，因为这才是创新所需要的精神。理解这些移民所带来的全球化市场，理解他们对不同学科知识的掌握以及他们与本国之间的关系，让硅谷拥有了无懈可击的竞争优势，让硅谷从制造收音机和计算机芯片起步，向开发搜索引擎、社交媒体、医疗设备和清洁能源技术等各个方向全面进军。

　　硅谷就像是一个精英集体，尽管高高在上，但还远非完美。而且它的某些独特之处恰恰在于它的缺点。首先，尽管多样性已成为所有硅谷公司和风险投资家的首要特征，但创业群体仍鲜有女性以及非洲裔和西班牙裔等少数群体。这可能会成为硅谷进一步发展的障碍，而且有可能导致硅谷过度关注某些特定问题，而忽略更大范围内的其他问题。比如说，专门针对女性健康和心理状况的生物技术和制药初创公司始终处于短缺状态，这种状况自然会严重影响到非洲人的后裔，并由此形成一种恶性循环。

　　此外，风险资本家大多具有从众心理，他们更倾向于为有可能取得短期结果的创业公司提供资金——这就导致大量社交媒体、广告技术和区块链应用技术的快速发展。

　　同样可能带来问题的是，在硅谷的生境中，由于对金钱的重视程度如此之高，以至于即便是最顶级的风险投资家，也不愿接受他们不喜欢的行为或是有害的企业领导模式。比如说，在专车服务公司优步和医疗技术公司 Theranos 的整个发展过程中，我们都可以看到这种现象（尽管缺乏诚信的文化经常会受到口诛笔伐，但实际上不被人们所重视）。

　　最后，房地产价格和房屋租赁价格非常高，以致大多数美国人（或是来自其他任何国家的人）承受不起这里的居住成本，因此，能维持硅谷生命之源的人流越来越少。

尽管这些挑战现实而严峻，但它们完全是因硅谷的成功和力量而产生的。没有人愿意守在孤立的区域性创新集群里，尽管这种集群花费了数以百万美元来之不易的国家补贴。几乎没有人再相信，有人能自上而下地把创新强加给一个区域集群。这完全是一个制造破产的想法。但就像僵尸一样，它还会继续以慢动作的形式向全世界演绎失败的故事。2012年，摩立特咨询集团（Monitor Group）申请破产，这家积重难返的公司已资不抵债。摩立特咨询集团曾是一家实力强大的咨询机构，也是产业集群理论最有力度的支持者之一，它的创始人恰恰就是哈佛商学院的管理学教授迈克尔·波特。

硅谷前哨站：徒劳之举和公费旅游

位于3521号大街的一座写字楼书写了硅谷的一段历史。施乐帕洛阿尔托研究中心（PARC）距此不远，在这座距离斯坦福大学校园只有五分钟车程（或骑自行车）的漂亮玻璃建筑中，曾催生了很多早期的技术创新，沿着门前一条安静的大街，数步之遥就是福特汽车公司在硅谷的创新前哨站。这座被称为福特格林菲尔德实验室（Ford Greenfield Labs）的建筑曾聘用了数百位福特员工，在很多方面，这些人代表了福特未来的希望。同样是在这里，斯坦福大学和苹果公司的工程师在这里研发自动驾驶汽车、传感器的新使用方法或是福特认为对参与运输业未来竞争所

第 4 章 | 错误的假设、破损的模型和徒劳的努力

必需的其他前沿概念。

硅谷分布着近千家公司的创新前哨站，尽管数量众多，但却鲜有成功案例。企业风险基金为创业企业提供资金，企业孵化器为他们提供办公场所和指导，为企业问题提供解决方案。企业加速器提供种子资金，为企业内部的创业者提供支持。合伙制公司构成公司业务发展的强大推动力。最后还有专业研发中心，譬如福特格林菲尔德实验室，他们的目标是吸引本地技术人才，当然，最理想的情况就是把他们的专业知识转移回母公司。

这种创新架构每年带来的总支出和投资总额高达数十亿美元。理由当然值得称赞。对福特而言，公司所感受到的未来威胁是真实存在的。自动驾驶汽车技术正在高科技企业（如谷歌和苹果）中蓬勃发展，而在 2010 年，福特在自动驾驶技术领域已算不上真正有实力的竞争者。谷歌掌握着早期数据资源，并拥有一个自动驾驶汽车研发部门 Waymo，凭借无人驾驶汽车总行驶里程数据，让谷歌拥有竞争对手无法比拟的优势。正如我们在本书前面所提到的那样，在指数型竞争时代，威胁完全有可能来自觊觎新市场的非相关公司。

福特的反应司空见惯——开设一家自己的实验室，去闭门造车。遗憾的是，在公司前哨站推动创新行动的历史中，鲜有成功先例。但这依旧不能阻止数百家大企业以这样那样的方式在硅谷开设实验室，从成熟的实验室到福特（及很多其他汽车制造商）新设的研发中心，一应俱全。

创新前哨站的败因

这些原本好意的前哨站之所以遭遇失败,原因是多种多样的。

缺乏真正的投入

对入门者来说,投入必须是真实而具体的。但是在大多数情况下,这些前哨站均被母公司高管或有前途的年轻员工所把持,他们难以"理解"硅谷的文化。来到这里的时候,他们享受着公司允诺的优厚待遇,过着度假一样的日子,唯一根本就算不上任务的目的,就是"帮助公司了解正在发生的事情"。硅谷前哨站很少有完成具体特定目标的,即使这样,责任机制依旧流于形式。这是一个大问题,因为它让前哨站成为毫无实际结果或结论的免费旅游团或实地调查团。

与母体隔绝

此外,这些前哨站的存在往往独立于母体。大多数前哨站位于远离公司主体的几个时区之外,乃至是隔海跨洋,有时候甚至会暂时与母公司失去联系。这样的空间距离必然会导致接触较少,沟通了解有限。此外,由于没有正规方式把信息传递回母公司,即使前哨站的人员尽心尽力地去了解硅谷,但他们所取得的信息和社会资本却难以转移给母公司。

第 4 章 | 错误的假设、破损的模型和徒劳的努力

优秀员工更容易跳槽

前哨人员还会感觉,他们为之努力的前哨站始终是个微不足道的项目,每当母公司的资产负债表恶化或领导层发生变更时,前哨站的经费都会被削减。按照华尔街的说法,它们属于"非核心资产"。因此,最优秀的前哨员工往往会被聪明的创业企业或传统高科技公司挖走,他们对这些人才价值的认知远早于而且也超过母公司的认识。即使是他们中不够优秀的人也会想到,在这个全球顶级人才荟萃的地方,哪怕只是花拳绣腿地表演一番,也可以为他们职业生涯的下一站捞取一张创新资格证。

简而言之,前哨人员(无论是个人还是组织)都未必在硅谷久留。

硅谷精神的对立性

这种相互之间的不确定性,完全有悖于让硅谷取得成功以及让新人和新企业蓬勃发展的思维精髓——毫无隐晦地追求长期性参与和贡献。当然,所有这一切,并不是说创建前哨站的意图居心不良,或者母体本身不愿意汲取硅谷的精华。但是,到此一游式的参与,即使有什么具体的想法,也很难实现创新。

即便请来硅谷的领导者也不能奏效

另一种方法是聘请硅谷现有的领导者和人才创建前哨站。从理论上说,他们可以发挥在硅谷拥有的网络和价值,从而让新公

司充分利用他们现有的社会和智力资本。但是在现实中，公司总部通常不愿意赋予他们真正的权力，把自治权完全下放给前哨站，因此，前哨站的主要作用往往仅限于咨询和建议。

因此，这个前哨站所能带来的成果难以转化为有效的研发。硅谷比底特律拥有更多的自动驾驶汽车工程师，但他们并不是来自汽车行业本身。因此，这些引进的前哨站负责人几乎会无一例外地乘兴而来败兴而归，回到他们离家出走的大型科技公司。这是一个可悲的现实：顶级人才不愿意接受传统企业的约束。

无力提供高科技公司的薪酬水平

此外，传统公司通常没有能力提供可与领先技术公司相提并论的薪酬待遇。因此，他们要么短期聘请人才，以解燃眉之急，这些人才或许非常优秀，但大多不愿意真正为公司有所贡献；要么聘请那些不会继续留在谷歌、苹果或其他顶级机构组织的人才。

因为与真实客户脱节而无法解决实际问题

但最根本的问题在于，公司前哨站并不能解决出资机构的核心问题，而且它们往往与组织的实际客户及真实需求脱节。前哨站人员的唯一任务，就是无休无止地收发电子邮件和幻灯片，或是接打电话。但是，因为他们不再与顾客、销售团队或其他一线人员进行交流，因此，自然也就无法发现顾客的真正需求。

此外，硅谷的大多数前哨站（当然也包括其他地方的前哨站）规模有限，因而无力推动真正的颠覆和创新。前哨员工往往会不自觉地采取符合传统企业的行为方式，这一点集中体现为：缺乏创新激情或紧迫感，而且严重依赖专业化和多部门的联合。

风险资本的传播更加广泛

另一个需要考虑的因素是，随着时间的流逝，风险投资和创新已开始广泛传播。斯德哥尔摩、北京、伦敦和纽约都在形成蓬勃发展的创新环境。很多中国人到美国或加拿大接受高等教育，这些海外留学工作人员学成后回到中国，继续从事工程科研领域的研发工作，借助这股力量，中国已经创造出强大的长期性创新引擎。目前，中国已成为全球风险投资创业企业增长最快的国家，而且在很多创新领域已处于世界领先地位。

因此，尽管每个创新生态系统都需要有一定的自身特色，但它们的共性足以体现硅谷的一般性发展路径，而且这些创新系统的共性与硅谷更为相似。所有成功都来自长期项目，不仅需要长期的耳濡目染，还要建立起互惠互利的非交易关系。换句话说，这是一个非常有价值的社交网络，仅凭在热门地段租用高档写字楼，再配备由母公司空降而来的团队，很难复制出这样的网络。

福特实验室还远远不够

最终，福特意识到格林菲尔德实验室还不足以解决自动驾驶等新领域的新问题。尽管实验室仍然存在，但公司还是决定，投资数十亿美元收购包括 Argo 和 Rivian 等业内知名的智能交通创业公司。我们稍后将会探讨，在企业创新方面，这种投资最佳企业的策略执行得当的话，为什么会胜过创新前哨站模式。

自上而下式专业创新团队的天然缺陷

对那些拥有长期创新纪录的公司而言，他们往往会不遗余力地把每个人都变成潜在创新者。但是，很多大公司（而且通常是按照公司顾问的要求）会建立内部专业创新团队，试图以此来刺激创新。这些创新团队通常由公司内部的明星级员工组成，这些人擅长玩弄公司政治，善于攀附公司权势人物（很多人可能在某个创新专业协会取得过所谓的创新证书，以便于让自己成为名正言顺的"创新专家"），并习惯于高高在上地告诉公司哪些有效，哪些无效。这个创新团队的使命，通常是寻求创新，并将最有效的创新成果融入公司。

有的时候，企业创新团队可能希望引入初创公司作为合作伙伴。他们还会与公司的风险投资部门合作，寻求对有可能颠覆行业的初创企业进行战略性投资。在很多公司，创新团队负责监督内部创业项目的竞争和资金，为公司高层委员会评价创业公司业绩以及为随后的资金配置提供依据。

内部创新团队和内部初创公司往往不在同一地点运行，正如本章所述，这种分离很容易造成创新真空，尽管里面貌似鲜艳斑斓，果实累累，但实则空洞无物。

所有这些趋势，都有可能而且大多带来适得其反的激励，通过损害创新力量而让企业创新陷入困境。就像公司前哨站中的创新者一样，创新团队同样存在难以识别（更不用说关注）顾客需求和公司真正的问题。由于没有真正的动力促使他们把创新理念转换为生产力，也没有真正的预算，因此，这些专门性的创新团队很快就会寿终正寝，因为深谋远虑的创新者会意识到，这绝非推动公司创新变革的有效方法。因此，绝大多数公司创新项目均以失败而告终，根据凯捷咨询公司（Capgemini）和奥特米特集团（Altimeter Group）联合开展的一项调查，失败的比例超过90%。

创新团队不可能带来新的业务模式

对这些千篇一律的创新模式而言，它们面对的最大问题就是如何变革商业模式。与从外部引入新技术相比，改变现有商业模式注定痛苦得多，而且更难以接受。正因为这样，才需要来福车或优步这样的颠覆性创业公司，把原本显而易见的东西转化为现实——比如说，通过智能手机解决出行需求的概念。同样的原因，包括Oracle和IBM在内的所有传统IT巨人（微软是个例外）只能在云计算时代艰难跋涉——在这个时代，服务器空间正在被划分为越来越小的部分，然后按小时，甚至分钟出售。在这种情况下，即便是通过邮购把剃须刀销售转变为订购业务这么简单的措施，就可以让一家小规模创业创公司大展宏图，在数十亿美元的北美男士剃须产品市场中，一举占据10%的份额。

创新团队难以发现新生市场

著名风险投资家马克·安德森（Marc Andreessen）因在《华尔街日报》发表《软件为什么正在吞噬世界》一文而蜚声全球，这篇文章以极富远见的视角对软件带来的影响进行了探讨。但很多密切关注他的人都知道，仅靠软件还不足以吞噬整个世界并借此打造大企业，这也是安德森的观点。在相对没那么有名的博客文章中，安德森表示，团队素质和产品质量的重要性丝毫不亚于市场对创新预期收益的需求。在一篇名为《唯一重要之事》的博文中，安德森指出，"一个巨大的市场通常是拥有大量潜在客户的市场，在这个市场中，初创企业将成为新产品的源泉。一旦出现市场需求，相应的产品就会随之而来，填补这个需求。"

为满足这些新兴市场的需求，企业创新团队需要投入巨大的努力，因为不能设身处地从顾客角度思考问题，他们就寸步难行。在寻找通过市场创新打造成功产品这个问题上，设计或判断需要由他人执行的想法，显然无助于解决问题，或者说，根本就不应该站在这个视角去认识问题。相反，我们需要拥有虔诚信徒那样的激情，拥有真实创业者的心态和情感认同，心无旁骛地致力于从无到有的创造过程。

到此为止，我们已经解释了某些创新遭遇失败的原因。产业集群难以设计，而且容易丧失关注点：硅谷前哨站在创新障碍面前往往会不堪一击，移植也难以吸收真正的创新文化，更不用说移植创新文化实现自我重塑了。同样，企业创新团队经常遭遇失败的原因，是它们源自自上而下的努力，与公司其他部门脱钩，而且容易陷入与现实脱节的象牙塔中。随之而来的问题不难想象，金钱被白白浪费，创新在混乱中迷失方向。

第 5 章
游戏规则已基本变化

本章简介：在本章中，我们将会看到，当下企业成败所依赖的社会与技术条件已发生了翻天覆地的变化，这些变化体现在沟通方式、市场机制以及社区在公司创建发展过程中发挥的作用等诸多方面，而日趋"开放"的商业模式则在全球经济中扮演越来越重要的角色。

似乎很多人都不知道，小米公司是中国最大的智能手机制造商。在中国，小米从默默无闻到脱颖而出，仅用 10 年时间便成为中国国内最大的智能手机制造商。尽管小米手机经常被指责抄袭苹果设计，但他们的滑盖手机设计精美绝伦，并采用定制版 Android 软件。其实，那些认为小米仅仅是模仿者的人，往往忽略了一个关键事实：这是一家与众不同的全新智能手机制造商，他们与之前所有的手机制造商有着天壤之别。

作为初创者，小米每月都会推出新款手机，而这对高端手机制造商来说，显然是不可思议的。相比之下，苹果每 18 个月到 2 年才能推出一款新 iPhone 手机。此外，小米还通过高度活跃和热情的在线论坛，与其数百万用户紧密互动，及时听取他们的看法；可以说，这个顾客群体已构成最具影响力的产品经理。公司还率先提出了一种全新的商业模式——从实质上说，就是按成本出售手机，并依靠内容和应用程序赚取利润。这种模式的挑战性不言而喻，但却意义非凡。从在线音乐和视频到高端设计师推出的服装，甚至是家具，小米把很多针对单一商品的传统销售模式均转换为订购模式。

至于新商业模式以及企业与客户实现互动的新方式，看看中国企业的做法，我们肯定会豁然开朗。在中国，小米、阿里巴巴和腾讯等企业准确地把握住了未来。在涉及人与人以及人与企业之间沟通的很多商业创新中，这个人口超过十四亿的国家遥遥领先于欧洲和美国。在中国，我们看到，企业正在依靠飞速的产品开发流程以及消费者和企业之间的广泛对话，打造新的盈利模式。与此同时，来自北京或上海企业的模式，也开始被越来越多的西方企业所效仿。

比如说，观众推荐机制已经为中国国内在线视频平台创造出了一个价值数十亿美元的订阅市场，视频内容通常为个人在家中自制的产物。在美国，类似的现象始于最受欢迎的 YouTube；最近，在线流媒体平台 Twitch（现在属于 Amazon）也开始效仿中国公司的战略。

游戏结构的变化速度正在加快。

本章将详细介绍这些变化。缺乏创新性的传统企业往往未能意识到这些变化，这也严重影响了他们的创新与转型能力。在这里，我们将会看到，对传统企业而言，他们必须面临六种最基本的结构性市场变化。

变化 1：权力正在从卖方转移到买方

首先，信息不对称性的降低，使得市场力量已从卖方明显地转移到买方。过去，无论是汽车、保险还是专业服务，几乎所有产品或服务的购买者都无法了解其他顾客的消费体验，也无法收集有价值的意见和评论。现在，他们可以与全球各地的买家取得联系，从而在做出购买决定之前取得重要的消费洞见。

尽管互联网还无法完全消除信息的不对称，但它的确增强了买家对市场的了解，从而提高了他们的议价能力。一批新型点评平台已经出现；而社交网络则使这些平台的创建更加便利，这样，我们就可以在全世界的任何角落、在任何时候寻求我们所需要的知识和洞见。在它们当中，既有 LinkedIn 之类面向企业的社交网络，也有 G2 Crowd 之类的企业软件点评网站，还有 Trip Advisor 这样的旅行点评平台。诚然，商家确实有可能通过这些点评网站作弊，而且信息的背景也是受到限制的（比如说，做出评论的人是否和你有相同的口味)。但是在互联网时代之前,唯一可以选择的方案就是通过付费向专业机构(如旅行社和顾问公司)征求建议。

变化2:品牌影响力正在下降

基于同样的逻辑,品牌资产的安全性也被大幅削弱。现在,顾客可以按当前需求进行选择,因此,他们就可以不费吹灰之力地更换品牌——在一项顾客调查中,1/3 的受访者称,他们现在更"喜欢尝试新的东西"。今天,公司不仅要通过竞争吸引新的客户,还要让他们的现有客户感到满意,并留住这些顾客,以保持原有的状态。

毫无疑问,当今顾客所熟悉的品牌远比以前多得多,而且他们也愿意尝试新的品牌。在某种程度上,是因为顾客能借助更多、更多样化的沟通手段,去了解并验证新的品牌,这些手段或渠道包括 Instagram、博客、脸书、SnapChat、WhatsApp 以及 YouTube 等。

变化3:智力资本比以往任何时候更有"渗透力"

在理念和专有技术领域,智力资本远比以前更有渗透力——

比如说，在自动驾驶汽车和无人驾驶方面，汽车工程师可以很容易就可以从一家创业公司跳槽到一家新公司，每家公司都在利用他们在前一份工作中取得的知识和技术。

在现实中，随着创新步伐的不断加速，法院已不再是监督智力资本侵权犯罪的有效机制。在法庭做出裁决时，新公司的价值可能已超过他们之前的雇主。

因此，开发新产品或新业务模型已成为公司的唯一竞争手段。

变化 4：产品开发周期不断加速

传统公司在这方面可能处于劣势，因为象牙塔式的设计团队更青睐僵化的产品开发周期，这只会制约他们的创造力，让他们忽略客户和市场的参与，并最终扼杀创新的脚步。尽管全球顶级创意设计公司 Frog Design 和 IDEO 仍会设计出最优秀的产品，但是，那些刚走出设计学校的毕业生和在车库完成创业的团队，完全有可能在竞争中和他们平起平坐。最关键的是，他们能灵活把握客户心理，检验产品的有效性——他们之所以更有可能取得成功，恰恰是因为他们无须像传统公司那样循规蹈矩。初创企业会定期通过制作产品的登录页了解市场导向和顾客品位，毕竟，这是他们推出新产品的必要手段。然而，这显然不是苹果、福特或耐克所熟悉的方式。

变化 5：技术变革正在开启庞大的新市场

尽管有真诚的愿望和最倾情的付出，但大多数传统公司仍缺乏多样化的全球视野，这让它们无法看到变化的现实。首先，它们会错过技术转型在发达国家以外开启的巨大新市场，反过来，市场变化又会让它们迷惑不解。（正如本章前面所说的那样，中国对新技术的采纳实践优于西方，而且率先一步预见到欧美消费者的品位变化。）其次，由于传统等级制度和命令-控制式组织结构不适用于知识型员工及其需求，但这些公司调整旧工作模式的步伐可能很缓慢，这就导致年轻员工产生反感情绪。然后，传统公司往往会沦为"非我发明"综合征的牺牲品，因而拒绝让合作伙伴向他们注入新的思维。

变化 6：沟通方式如何变化——改变一切

过去，企业交流通过备忘录完成，而办公室则是传播小道消息的枢纽。今天，信息传播的速度如野火般迅猛，而且每个人都可以利用多种方式进行交流。

2016 年，短视频社交平台抖音在中国正式推出。2018 年，在抖音收购稍早出现的美国短视频应用程序 Musically 之后，推出了抖音的国际版——Tik Tok；到 2019 年年底，Tik Tok 已实现了震惊全球的 15 亿次 App 下载量。如果把 Tik Tok 称为社交网络，显然低估了它的功能。实际上，它更像是 YouTube、SnapChat 和 Instagram 的结合体，为创作者提供了一种实时展现个性化观点的工具，但即便是这样的描述也无法真正解读 TikTok 的能力。系统运行的 AI 算法似乎可为每个人的个性化偏好提供最完美的模因视频（meme video）。TikTok 由来自中国的字节跳动公司拥有，由于发展迅猛，已引起全球各大公司，乃至西方情报机构的关注。

步脸书、SnapChat、Instagram、Skype、WhatsApp 以及 Facetime 等应用程序的后尘，TikTok 成为智能手机的又一款常用应用程序。但是，以某一项功能为初衷的应用程序很容易会延伸到另一项功能。比如说，Gmail 已经和谷歌的免费视频会议平台 Hangouts 实现了紧密集成；而 Zoom 则成为全球最流行的视频会议应用程序（尤其是新冠肺炎疫情爆发期间），代替了枯燥乏味的电话会议。（不过，Zoom 隐私权政策中存在的严重问题以及对端到端加密带来的误导性声明，已让其他"大型群聊"应用程序成为有吸引力的替代品，包括 Houseparty、Jitsi 和安全性极高的 Signal。）

此外，抖音还显示出沟通的加速性和多样性。随着其他技术从模拟化向数字化转换，通信的数字化使之易于实现软件控制。于是，启动全方位通信网络的成本和其他障碍大为减少。在这种情况下，不管身处地球的哪个角落，任何一个小规模软件工程师团队都有可能推出下一款颠覆性的通信应用软件。

随着互联网的兴起，我们的通信已从电话、书面信件和传真升级到电子邮件、屏幕共享、短信息和实时视频。今天，我们正站在一种新形式——现实共享的风口浪尖上，基于这种形态下，我们可以随时随地适时体验他人的所见所为，或是实时分享他人的体验。尽管增强现实及虚拟现实软件尚未成为主流，但基础设备的销售正在加速。毫无疑问，按照前面提到的"技术成熟度曲线"，我们目前正在从失落的波谷期进入陡峭上升的稳步爬坡期。

DIY——适合所有人的廉价通信方式

这种扩散也影响着企业的创新与增长。以前，设置公司所需要的通信工具往往需要 IT 专家的参与，而且要投入大量资金。今天，所有知识工作者已经将这些工具当作日常数字生活的一部分。Slack 让我们在聊天的同时，使用共享文件，进行网络语音通话和视频交流。Asana、Trello 及其他项目管理工具，不仅可以简化团队内部的沟通，还可以覆盖电子邮件和 Slack 的功能。比如说，针对在线文档存储，我们就可以在谷歌的云端硬盘、Box、Dropbox、Evernote 以及 OneDrive 等数十种选项中进行选择。

此外，维护团队通信基础架构所需要的成本，也只相当于以前的很小一部分。实际上，我们完全有可能在 1 个小时内以在线方式，免费完成产品从创建到测试和营销所需要的全部工作。可以说，智能手机是人类有史以来最能降低成本的系统。今天，每部智能手机免费安装的设备和服务在以前可能要花费数万美元，包括传真机、扫描仪、媒体播放器、电视、视频播放器和照相机。对那些已习惯于使用这种小型设备的人，一部智能手机就是一台笔记本电脑。

不受限制的免费通信意味着失控

这些超级功能带来的结果，就是对包括企业层级在内的所有权限，我们都会丧失控制权，因为只要与互联网连接，每个人都可以掌握和部署自己的通信工具。现代沟通的便捷性和多样性让通信已不再复杂，这也是促进创新的关键。针对互联网技术对组织带来的影响，伟大的技术分析师者、社交媒体评论家克莱·舍基（Clay Shirky）在其开创性著作《人人时代：无组织的组织力量》（*Here Comes Everybody: The Power of Organizing Without Organizations*）中指出："只要在技术上还不够复杂，通信工具就不会引起社会关注。"

开放获取、开源和集体性产品开发

这种开源的、集体性开发并最终赢得传统市场的先驱，就是Linux操作系统。Linux是由芬兰软件工程师林纳斯·托瓦兹

(Linus Torvalds)在 1991 年独立开发的项目。通过在线协作与交流，Linux 培育了一个由使用者和开发人员共同组成的网络社区。如今，这个异军突起的操作系统已成为企业级的主导软件：它可以让我们采用拥有最大数量核心能力的服务器，运行互联网、通信网络以及我们的企业。这个社区一直延续至今，并体现于 Linux 基金会、Linux 的管理者及其自身的持续发展。即便是在 2020 年，它依旧是软件领域最强大的组织之一。

协同创新模型

在《维基经济学：大规模协作如何改变一切》（*Wikinomics: How Mass Collaboration Changes Everything*）一书中，管理思想家唐·泰普斯科特（Don Tapscott）和企业研究员安东尼·D. 威廉姆斯（Anthony D. Williams）提出了一个协作创新模型。这本书的灵感来自维基百科，目前，这个由用户生成的免费在线百科全书已取代了古老的《大不列颠百科全书》，并成为历史上最有影响力的在线信息源之一。维基百科由志愿者协作编辑完成，它对历史和事实的看法和解释进行动态，甚至有争议的在线测试。根据对维基百科的研究，塔普斯科特提出了一种创新理论，即，企业和组织可在全球范围内推动并收集大规模协作带来的结果，从而达到利用市场集体智慧进行创新的目的。

这些通信工具也为艺术家、音乐家和小型企业提供了巨大支持。凯文·凯利（Kevin Kelly）是《连线》（Wired）杂志的联合创始人之一，也是一位知名的技术研究者。他在 2008 年发表的短文《一千个铁杆粉丝》中，针对这种基于社区的未来商业模式给出了基本前提。他在文章中提出的条件是，音乐家、艺术家及其他人都可以培育少量的真正粉丝，并不断壮大这个社区，这样，他们就可以随心所欲地做自己喜欢做的事情。通过为付费用户提供一系列的书籍、收费通信及其他服务，凯利也在用行动验证自己的观点。随着 Kickstarter、Indiegogo 和 Patreon 等众筹网站的兴起，凯利的先见先知已经在互联网时代显示出巨大效应。

传统沟通渠道正在萎缩

另一方面，传统营销沟通手段正在丧失效力。广播、电视和印刷品在消费者关注量中的份额不断下降。即使是在每一种载体的内部，潜在产量也在成倍增加。电视以及短片视频新闻和内容服务的投放量大幅激增，播客正在逐渐渗入广播，从而进一步侵蚀了整个媒体的市场份额。尽管在过去两年中，印刷品读者数量的下降速度有所放缓，但报纸和杂志的总发行量依旧在绝对减少。对那些以前通过收取高额广告费而主宰这些媒体的传统品牌而言，形势岌岌可危。尽管广播电视依旧有着非常高的成本，但广告商已经开始担心，主要电视网络的影响力可能已大不如前。

如何网罗顾客，已越来越不受传统公司的支配。一方面，大众媒体广告和单向消息传递正在失去效力;另一方面,智能化、更有针对性的数字广告已得到公认。所有人都可以使用这种手术般精准的数据工具,而不只限于大品牌。此外,正如我们在SoulCycle、Toblerone及其他很多产品中所看到的,社交媒体很容易会影响到消费者和客户的心理,因此,即便是经过深思熟虑、能引发消费者的营销手段,面对社交媒体也会变得一无是处,纵然是那些最有名的大品牌,也无法撼动这种局面。

通信风格、实质、机制和数量的变化

沟通的这种时代性转变是通过数量、风格和内容的拓展实现的。今天,我们可以通过多样化的平台进行通信,最典型的就是能传递文本、语音或视频的应用程序,比如 Skype、Messenger、WhatsApp、Facetime 和 Slack 等,这样的程序还在不断增加。即使是在公司内部,不同的团队也可能会采用不同的通信系统。

我们的交流方式和数量都发生了变化,沟通的数量和透明度也在不断提高,而且正在使用多种多样的媒体渠道。公司内部也是如此:分布在各个地点、小组、部门之间的员工始终保持着顺畅的沟通。如果企业没有意识到这一点,并继续维持信息的不对称性,那么,他们就有可能遭到员工的背叛和嘲笑。采用脸书或匿名专业网络 Blind 之类的新型社交媒体,可以让员工在不被雇主发现的情况下进行组织和沟通。

由沟通驱动的集体思维,既有可能激发出强大的创造力,也有可能让公司(或行业)文化迅速土崩瓦解。通过谷歌罢工事件以及优步和 Zyft 司机组织的活动,我们正在看到一种新型集体行动和思维定势的形成。尽管这些孤立事件可能永远都不会成为真正有组织的活动,但管理层拥有信息不对称优势的时代已经一去不复返。他们必须做出相应的举动,否则,就有可能疏远自己的员工队伍,并导致公司声誉受到破坏。

日趋强大的民意舆论

面对新的沟通渠道和强大的沟通能力,让企业不得不面对一把悬在头上的双刃剑:一方面是指数型增长的风险,另一方面则是实现快速、目标性增长的绝佳时机。健身单车连锁俱乐部 SoulCycle 曾是 21 世纪商业成功的典范之一,但却因政治异议而遭到抵制。

2019 年 8 月,新闻媒体披露,SoulCycle 的主要投资者、亿万富翁投资者斯蒂芬·罗斯(Stephen Ross)计划为时任美国总统唐纳德·特朗普举行募捐活动。SoulCycle 的主要客户群体是居住在城市的中上层女性,这也是反特朗普的主要人口群体。于是,时尚烹饪名人克里斯西·泰根(Chrissy Teigen)在推特上发文抗议,并呼吁网友联合抵制该品牌,她的呼声引来数十万条转推。随即,他们聚集到 SoulCycle 的健身房外进行抗议,甚至由罗斯投资的另一品牌、高端健身公司 Equinox 也未能幸免于难，也遭到抗议者的围攻。这给 SoulCycl 带来的打击迅速而彻底。健身会员出席率直线下降。甚至远在伦敦的 SoulCycle 健身房，出勤率也大幅下降。一夜之间，品牌从酷变凉，SoulCycle 的首任 CEO 被迫辞职。如今，SoulCycle 的未来似乎变得飘摇不定。

在不到一个月之内，抗议活动便通过社交媒体迅速发酵，并引发一场大规模运动，让这个拥有 10 年历史的大品牌一败涂地。这既是一个教训，也是一个有启发性的故事。随着媒体的爆发，企业与员工及客户的沟通方式以及员工与顾客间的沟通渠道开始高度分散。显然，这些技术创新带来的不仅是便利，也让顾客和员工实现了前所未有的组织，并最终影响公司和政府的行为。据坊间传闻，在华盛顿特区扬言要禁止叫车服务时，优步曾使用电话软件向用户发出请求，呼吁乘客向华盛顿特区市议会发送电子邮件和评论，市议会马上放弃了先前的想法。

具有讽刺意味的是，在脸书，员工使用竞争对手 Blind 的平台发泄对管理层的不满，公开对公司的广告及隐私政策发表了措辞激烈的评论。在 Blind 创建的微网络中，允许经验证的本公司离职员工和在职员工进行匿名讨论。显然，脸书肯定不允许员工在 Blind 上对自己评头论足（脸书的 HR 团队曾试图进入应用程序，但很快被参与者踢出）。谷歌的工程师曾使用临时通信网络组织了一场罢工，抗议这家搜索巨头与美国军事情报部门进行合作。在欧洲，人们在网络上对 Toblerone 巧克力棒的价格上涨及尺寸减小发起抗议活动,最终迫使这款产品的制造商亿滋国际(Mondelēz)恢复产品价格和规格。

这些示例表明,对那些希望压制内外异见的企业来说,沟通渠道多元化是对他们最大的弊端。但沟通渠道的分散化和沟通范围的扩散化也带来了商业利益。我们已经看到,剃刀俱乐部就是利用 YouTube 进行病毒营销,打造出一个价值十亿美元的企业。精明的企业家善于利用数字工具制定针对性的营销策略,在刺激市场需求的同时,降低潜在失败带来的成本。

5 年内完成从零到 6 亿美元的奇迹

2013 年,在伊利诺伊州芝加哥附近的一间厨房里,两个儿时的朋友彼得·拉哈尔(Peter Rahal)和加拉德·史密斯(Jared Smith)开始制作一款新的蛋白质棒。他们的配方以追求天然和最低程度加工的消费者为对象,这对越来越多奉行极简饮食主义顾客来说,显然是非常有吸引力的。作家迈克尔·波伦(Michael Pollan)的宣传以及"原始饮食法"(Paleo)和"Whole30"等饮食法的流行,让这种以减少成分、采用普通食材的饮食原则大受欢迎。拉哈尔和史密斯首先把 RXBAR 蛋白棒的样本分发给 CrossFit 训练班的学员。拉哈尔和史密斯并没有在包装设计上投资,而是使用 PowerPoint 独立设计了这款产品的包装,因此,产品从表面上就做到了简洁和简约。

两位创业者选择的时机和方法几乎无可挑剔。但是,让RXBAR蛋白棒快速、有效成长的,还是他们所采取的以数字为主导的营销策略,即,强调对目标市场进行在线广告及其他营销方式。拉哈尔和史密斯在谷歌和脸书发布广告,推销产品,进行测试和学习,然后对产品进行微调,以期从投入的每1美元中取得最大收益。随后,他们的营销活动拓展到其他20多个数字媒体,并大张旗鼓地把产品投放到亚马逊网站及其他线上市场。

直到在线上完成这一波操作后,RXBAR才开始制定实体经营策略,以便大规模打入超市和其他实体经营场所。此时,公司的品牌已形成了良好基础,并拥有了一批忠实的客户,其中的大多数人按月付费,然后,由公司将一盒蛋白棒快递送到顾客的家中或办公室。借着这股东风,拉哈尔和史密斯开始自信满满地投放产品,他们坚信,这款蛋白棒一定会受到顾客青睐。当然,两位创业者还知道,他们无须支付大量成本,即可轻而易举地反复测试和完善这款产品。对传统食品企业来说,完善和测试配方这个过程可能就需要若干年时间。

在改变了进入特种食品市场的策略之后,拉哈尔和史密斯的产品很快便进入低成本的快速成长期。他们既不必支付卡车、销售代表或是分销商的费用,也无须承担推销蛋白棒及其他消费品、包装品给传统企业带来的常规装备成本。

这种采用数字通信渠道及分销策略的新方法,已成为越来越多热门品牌的成功之路。在烹饪设备领域引发热潮的InstaPots,

也采取了类似的"亚马逊第一"和数字化销售策略。在最终开设几家小型实体店之前，Allbirds 的全部鞋类产品均为在线销售。

　　的确，这些企业取得成功的核心都在于沟通，他们采用最时尚的现代沟通工具，最大限度地减少市场噪声，推广品牌，测试产品，或是建立产品的专属社区。在接受采访时，拉哈尔和史密斯经常提到的就是把"创建社区"作为成功策略的核心要素。在 20 年前，这句话不会成为哪些 CEO 的口头禅。当然，使用低成本技术创建一个由产品支持者和购买者构成的社区，这样的想法或许可以追溯到互联网兴起的时代。

第6章
万变之中有不变

本章简介：在本章里，我们会看到有些传统企业或许开发出了具有指数型增长能力的技术或创新，但却不能有效、可持续地把这些创新转化为产品。为此，我们将讨论谷歌电子钱包（后来的谷歌 Pay Send）及其他创新失败的原因，包括为合作伙伴制定不合理的激励机制，没有对产品进行及时的升级换代，未能留住希望加快并加大增长力度的创新领导者。

谷歌电子钱包错在哪里

2011年，谷歌大张旗鼓地推出谷歌电子钱包（Wallet），这是一个以移动支付为主要功能的应用程序，也是一种新的商业生态系统。这家搜索巨头声称，电子钱包业务最终将引导欧美消费者脱离现金支付时代，使用手机支付各种费用。谷歌为创建电子钱包平台支付的成本高达数亿美元，而且需要进行大规模的业务开发，包括与信用卡处理器及金融服务业巨头万事达卡、巨无霸级别的花旗银行以及无线运营商 Sprint 等建立合作伙伴关系。项目负责人，谷歌电子支付业务副总裁奥萨马·贝迪尔（Osama Bedier）称，这是"谷歌迄今为止最大的一笔投资"。而创建谷歌"钱包"的两位工程师乔纳森·沃尔（Jonathan Wall）和罗伯·冯·贝伦（Rob von Behren）则在博客文章中写道，"这只是探索未来移动购物时代的开端。我们真得非常激动，希望你也一样。"

市场评论人士和科技媒体毫不吝啬对谷歌电子钱包给予的赞赏和追捧。所有人都欢欣鼓舞，希望满满。然而，直到两年之后，真正下载谷歌电子钱包软件并在安卓移动设备使用这款程序的用户依旧寥寥无几。负面新闻层出不穷，谷歌也为此绞尽脑汁，但消费者却不以为然，谷歌的努力丝毫不能给顾客带来动力。

正确的产品、正确的愿景与错误的方法

显然，移动支付概念本身没有任何问题。自苹果 2014 年推出电子支付平台 Apple Pay 以来，谷歌的这家竞争对手就始终在移动支付领域稳步前行。今天，在美国和欧洲，每天有数千万人在使用这款程序。在欧洲，非接触式支付已被广泛接受（但与现金使用频率很低的中国相比，这只能算小巫见大巫）。大型零售

商星巴克和沃尔玛也开发并投放了自有品牌的移动支付应用程序；尽管星巴克的应用软件仅适用于在自家门店购买咖啡或食品，但他们的普及率却仅次于苹果。在谷歌钱包惨遭失败之后，谷歌开发的 Pay 也取得了大量的市场份额，但在撰写本文时，谷歌的移动支付使用率仍远远落后于苹果和星巴克。

也许最让谷歌头疼的，是奥萨马·贝迪尔的离开，他随随便便创建了自己的 Poynt，这是一家新型销售点软件和硬件制造商，其产品就包含有非接触式支付平台。Poynt 已筹集到近 3 亿美元，投资者成功退出几乎确定无疑。但具有讽刺意味的是，这家创业公司的投资者竟然还包括谷歌负责风险投资的部门——谷歌风投。

在移动支付领域，谷歌曾经是最有远见的先行者。它清晰地预见到未来，而且还开发出一款效果不错的产品。但它却没有等到成功的到来，到底发生了什么呢？

僵化的商业模式

与苹果不同，谷歌始终要求无线运营商、银行和支付处理实体与谷歌分享购买数据。这符合谷歌整体经营模式的前提：提供免费服务，并收集最详细的用户数据。但谷歌始终通过与客户的直接关系进行这项交易。在这种情况下，谷歌获取的信息直接关系到这些合作伙伴的命脉。可以想象，谷歌的策略让这些合作伙伴乃至潜在合作伙伴坐立不安，一旦谷歌获得这些数据，他们受到的威胁可想而知。

当然，谷歌钱包的失败还有其他原因。实际上，在谷歌电子钱包推出时，只有 2/3 的发达国家人口开始使用智能手机。此外，电子钱包的使用依赖于能进行非接触式通信的销售点终端，而这种终端直到 2015 年之后才开始在美国普及。在这两点上，苹果把握的时机更为合理。当然，谷歌不缺乏等待的财力，在它看来，迟早有一天，它的产品会找到用武之地。但致命问题还是业务模型的固有缺陷：它要夺取别人的午餐——客户数据。在谷歌的宏大规划中，这似乎只是一个小小的遗漏。但是在现代企业中，业务模型缺陷绝对是最致命的缺陷，因为在对工程、设计和市场营销进行了大量投资之后，这种缺陷带来的问题往往会被进一步放大。

出人意料的是，失败对谷歌而言几乎只是宿命的验证：尽管这家公司曾是历史上最有创新力的公司之一，但它失败的经历同样不胜枚举。苹果公司推出的产品远比谷歌少得多，但经历失败的次数同样也少得多，而且苹果在开发新产品和开拓新市场方面所展现出的稳定性，远非谷歌可比。这在一定程度上归功于苹果在业务安排方面的灵活性，而且这已经得到了市场的高度印证；另一方面，也归结于苹果以适应市场和创新业务模式来满足市场需求的意愿。

开发、适应与变革的失败与惩罚

不可否认，我们在书本上所看到的多数重大技术突破，都是在借用甚至剽窃其他公司或实验室的想法。实际上，苹果公司所拥有的每一项创新，几乎都来自他们的对外收购或是复制。很多传统大公司都曾创造出令人赞叹的技术，而这些技术往往成为其他公司实现飞跃的基础：施乐帕克的鼠标、思科的视频会议和Zoom、电子表格（Lotus1—2—3）和微软的Excel等。

冒险往往会招致惩罚——不管是看得见的，还是看不见的，这应该是理所当然的事情。即使高科技公司也会高谈阔论失败乃决心之彰显，但肯定不会有哪家公司会给失败项目的负责人晋职加薪，表彰他们不畏失败的雄心壮志。在谷歌的电子钱包项目中，作为负责人，贝迪尔离开了公司，另起炉灶。在很多薪资最高的职位上，平平淡淡、不温不火的业绩可以让任职者四平八稳地享受高薪，但冒险失败则会让他们受到惩罚。很多传统大公司的战略要看华尔街的眼色，华尔街从来不喜欢忍受失败，这也让上市公司不敢面对大的风险。对稳定性和可预测性的需求，造就了密不透风、自上而下的层级结构，从而让厌恶风险的企业在决策和产品开发方面优柔寡断。正因为存在这种内在的惯性，因此，即使行业颠覆几乎已成定局——比如像Skype给电话会议技术带来的破坏，他们依旧不能做出有效，哪怕是稍有意义的响应。

对这些公司而言，创新的关键思维就是赋予创新的时间、思维空间以及其他可提供给员工的资源。有些公司——比如说亚马逊，已经把这个程序系统化、内部化：为员工创意提供必要的时间和资金，并以其他激励措施鼓励他们创建创业企业。此外，还采取非文字形式向员工做出承诺：即使创业遭遇失败，亚马逊仍然向他们敞开欢迎的双臂。

从某种意义上说，亚马逊已经把失败提升到经营艺术层面。它是为数不多愿意接受失败的超级大公司之一，更重要的是，它很清楚，在这些极富野心的新产品和新服务探索过程中，失败在所难免。谷歌也以类似方式鼓励员工内部创业，但结果不尽相同：内部创业企业仅带来一项重大成果——Gmail。（有些人可能会把谷歌智能办公套件 G Suite 算作一次成功案例，但除硅谷以外，这些应用程序远远落后于微软的 Office365 在线工具。）

但亚马逊的方法未必会成为未来的主流，也并不预示着创新思想将在所有大公司得到应有的重视和鼓励。实际上，即便是谷歌，也在缩短留给工程师的创新时间；而长期以来，苹果公司在产品创新和管理方面也始终在强调自上而下的模式。

思科的失败与 Zoom 的崛起

袁征（Eric Yuan）也无法避免这样的问题。作为负责思科协作与视频会议业务的副总裁，他对改善产品使用体验和取得用户认可有很多自己的想法。但是，尽管他是这项业务的负责人，却几乎无法从公司中得到任何有实际意义的支持。

在 2011 年的时候，思科还是这个领域的领导者。在高端视频会议软件和设备业务中，思科和 Polycom 展开激烈竞争；在低端企业视频会议业务中，它要面对来自 GoToMeeting 的压力。但思科无疑是整体市场的领导者。思科对视频会议行业未来成长性的豪赌得到了回报。这项业务的销售收入和利润增长均超过传统网络设备业务的增长。

但没人喜欢思科推出的这款协作与会议产品。产品缺乏可靠性，经常需要用户无缘无故地在同一台计算机上反复安装。尽管虚拟现实会议之类的创新产品确实受到广泛好评，但思科还是选择放弃最需要创新和进步的低端市场，彻底撤下精确度和完整度这些细节。比如说，在呼叫 Webex 时，用户在输入会议密码时，需要在输入邀请文本和应用程序之间反复切换，但通过一键式拨入方案，就可以免除这套烦琐程序；需要提醒的是，这个密码始终为 7 位数，这个长度显然是大多数人无法记住的。然后是带宽问题：如果连接信号不好的话，Webex 的质量会大受影响，让用户束手无策。

袁征对这些问题全部进行了记录和分类，他是一位非常聪明而且极具进取心的中国籍工程师。2007 年，他以被收购的 Webex 员工的身份进入思科。随即，袁征便以思科的名义着手修复 Webex 系统的缺陷。正如他在 2017 年接受采访时所言："我在思科担任副总裁的薪水非常高。但 Webex 是我一手打造的孩子，在 2010 年和 2011 年，我没有让客户开心满意。让我尴尬的是，我在这项技术上确实花费了太多的时间，为什么客户不满意呢？"

创新者自立门户——带来 Zoom 的腾飞

难以忍受的袁征最终离开了思科，并带走大约 40 位参与 Webex 项目的顶级软件工程师。他给自己设立的新目标，就是打造用户接受的通用性视频会议工具。这种工具既适用于咖啡店，也能在企业园区发挥作用。最重要的是，这套软件不仅要处理好带宽的波动，而且必须简单易用。袁征把这套软件命名为 Zoom。他决定尝试一种自下而上的免费增值策略，任何人可在限定参与者数量的情况下免费进行 40 分钟的视频会议。在此基础上，Zoom 将对须召开更长时间会议的用户出售升级版产品，提供在线记录的存储和管理工具以及用于高保真会议的专用视频会议硬件。在推出 8 年之后，Zoom 成功上市，并迅速突破市值 200 亿美元大关。经袁征调整后的视频会议产品得到了市场的一致认可。并且，毫无疑问，这款产品已成为名副其实的市场领导者，以至于用户已经习惯于把"Zoom"当作一个动词。很多分析家认为，Zoom 夺走了原本属于思科的很大一部分市场份额,尽管思科在公开场合上不接受这种说法,但事实无须验证。

  Zoom 的故事表明,传统企业的问题不仅会出现在新产品的推出环节——因为他们习惯于用现有商业模型的视角去看待世界,而且不善于解决现有主导产品中最基本、最显而易见的问题。可以想象,改变这些问题会带来巨大的机遇。但是,所有参与过设计产品投放路线图的人都会告诉我们:公司越大,他们为设计路线图投入的越多,就越难以取得真正的进步。

第 7 章
阻碍变革的八宗罪

本章简介：在本章中，我们将剖析八种不利于创新的常见态度、方法和误区，并以现实世界中的诸多案例，阐述这些弊端如何危害企业，甚至把企业推到万劫不复的绝境。

在经典著作《引领与干扰》（*Lead and Disrupt*）中，斯坦福大学的查尔斯·奥尼利（Charles O'Reilly）和哈佛大学的迈克·图什曼（Michael Tushman）为公司避免"创新者的窘境"提出了一系列有说服力的方法。此外，他们还分析了亚马逊和 IBM 等少数公司如何成功实现转型，在巩固现有业务的同时，及时把握新的市场机遇。以亚马逊为例，在企业发展进程中，这家公司不止一次地以创新来颠覆自己。亚马逊 Web Services（云计算）和广告业务这两项创新，或许会成为杰夫·贝佐斯商业帝国中最赚钱的部分。两位作者认为，亚马逊之所以能在不影响零售业务增长的同时做到这一点，是他们采取了作者所说的"二元领导"。按照这个词所描述的内涵：一方面，公司需要为内部创业和创新项目提供足够的喘息空间，为创新提供必要的资金；另一方面，公司高层需对创新给予必要的支持，避免这些创新项目被传统业务部门所吞噬或挤压。而"二元领导"这个词，则描绘了这两者之间微妙而复杂的平衡。

在本书的最后一部分中，我们将详细探讨他们的理论。但同样值得思考的是，是他们对扼杀大型传统公司创新能力并妨碍其创造新业务线的洞见。根据我们长期以来的观察，以及在大型组织任职或提供咨询服务的经历，我们对导致大型组织无法承受变化和风险的问题形成了自己的观点。在很大程度上，这些观点与奥尼利和图什曼不谋而合。

我们那这些结论总结为的"八宗罪"。这些罪过包括：

1. 不愿倾听
2. 缺乏耐心
3. 缺少距离
4. 缺乏资源
5. 用错人，选错角色
6. 缺乏问责制
7. 文化不当
8. 缺乏高层支持

我们将简单剖析这些误区，并以以往现实世界中发生的案例加以说明。从个别误区来看，它们未必会让一家公司在创新和变革方面的努力归于无效。但是就总体而言，这些问题的存在表明，公司的整体文化正在侵蚀它们维持生存和发展的能力。一旦出现这些罪状，就表明组织的文化出了问题，这才是它们需要克服的关键。

1. 不愿倾听

丰田公司的员工定期召集会议，为改善流程进行讨论并提出建议。这源于一种接受倾听的文化——在这种文化中，即使是高管也甘于听取下层员工的意见。最理想的情况是，把这种倾听延伸到公司以外的范围，扩展到客户、外部顾问以及合作伙伴。当公司拥有倾听式文化时，仅仅是倾听这种行为本身，即可让这个组织接受并学会变化。亚马逊之所以能快速启动这么多新业务线，部分原因就在于，他们始终在聆听市场的声音——观察商业和技术渠道，密切跟踪源源不断的数据流。尽管颓势已成事实，但至少在某种程度上可以说，谷歌曾是一家非常愿意倾听员工声音、向员工征求新观点的公司。为工程师留出"20%时间"用于个人项目的开发，这种做法就是最好的例证。实际上，很多拥有长期创新历史的企业都拥有良好的倾听习惯。

不善于倾听的企业往往也不善于适应和变革。一个典型示例，就是英国音乐零售连锁集团 HMV。HMV 曾是代表英国时尚潮流的典范，可以说是，它是流行音乐、电影和视频游戏等热门产品的头号经纪人。然而，随着三大主营业务同时遭受在线竞争的沉重打击，HMV 经历了一次断崖式暴跌。在一篇反思 HMV 衰败的文章中，公司广告主管菲利普·比钦（Philip Beeching）声情并茂地讲述了 HMV 管理团队在 2002 年召开的一次会议，他在会上详细剖析了公司面临的三大威胁：在线零售商、可下载的音乐以及音乐超市的折扣。比钦回想了随后发生的事情：

突然之间，我意识到，执行董事已中止了会议，显然，他非常愤怒。他说："我从来没听过这么垃圾的废话，我知道，超市确实让我们遇到麻烦，但这种情况不适合严肃音乐、游戏或电影的购买者；而其他两方面，我从不认为可下载音乐是一种真正的威胁，这只是一时之风，人们最终还会回到音乐商店，去感受那里的氛围和体验，这可不是在线购物能做到的。"

显然，HMV 的管理团队不喜欢倾听。这家公司始终对在线业务带来的威胁视而不见，直到为时已晚，它始终未能建立起相应的在线业务，也没有去探索更适于音乐或电影光盘购买量衰退时代的替代性商业模式。在管理不善的压力下，HMV 只能陆续关闭大部分实体店，并于 2013 年和 2018 年两次申请破产。

学会倾听，或许它们的命运不会至此。

2. 缺乏耐心

尽管快是成功的法宝，但创新毕竟需要时间去实施和完善。这显然是一个矛盾但却至关重要的均衡。在创业初期，大多数创业公司会采取新的商业模式或产品。有些人可能不止一次地这么做。很多初创公司在煎熬中忍耐了 3 年或是更长时间之后，才取得一定的市场占有率，这种关联性深刻表明，你必须拥有顾客喜欢、需要并愿意掏腰包的东西。持久的耐心同样具有颠覆性（参见随后的"缺乏问责制"），但缺乏耐心则意味着创新注定会失败，并让所有的努力付之东流。

2016 年 3 月，Mozilla 的互联网设备团队启动了一个名为"SensorWeb"的项目，这是以监测 PM2.5 空气质量传感器为主题的众包网络。项目的发起人是一位来自台北市的 Mozilla 工程师，她的初衷是让祖母以简便的方法在智能手机或计算机上实时跟踪空气质量信息。作为一家传统浏览器制造商，而且又是在互联网设备开发中未取得利润的情况下，SensorWeb 显然是它开发新商业模式的一个宝贵契机。Mozilla 生产了数十款 PM2.5 传感器套装，并进行了免费分发测试，项目对空气质量分布显示出良好的检测性能，而且也获得了一批忠实的追随者。但是在启动不到一年之后，Mozilla 突然终止了该项目。

随着全球变暖话题在全球范围持续发酵，空气质量已成为更重要、更紧迫的问题。在美国，一家名为 PurpleAir 的公司也开展了类似研究，从事高品质 PM2.5 传感器的销售和链接业务。在 2018 年和 2019 年的加州野外大火事件中，PurpleAir 成为获取当地空气质量信息的首选来源，迄今为止，它的产品在整个加州的确具有最高的覆盖率。这算是商机吗？看看 Weather.com 的成功退出以及 IBM 对 Weather Underground 的收购，我们似乎可以看到，SensorWeb 项目的取消过于草率。

3. 缺少距离

在《创新者的窘境》一书中，克莱顿·克里斯滕森主张创建外部企业，人为制造与母公司的竞争。他认为，只有彻底剥离，才能为颠覆性创新提供肥沃的土壤。相比之下，奥尼利和图什曼则认为，除了与母公司保持一定的距离之外，创新团队只有在取得专门预算和最高管理层支持的情况下，由内而外地开展新业务线才是可行的。但我们认为，两种方案都是可行的，两者之间最大的共性在于，必须给新业务线留有足够的空间和距离，让它们能以崭新的眼光探索新的商机。

这种距离不只局限于物理距离（比如说独立的办公空间），还包括与传统公司在很多流程上的隔离。例如，初创公司之所以能快速行动的部分原因在于，它们不会受到现有合规流程的制约，也无须承担 IT 设备的巨大开支。此外，它们不需要高大上的视频会议设备或是精美的办公家具。它们需要的,唯有速度、敏捷性以及必要的自由度,这就需要它们与企业现有设施和规则保持距离,拥有快速行动的能力和权力。它们需要距离带来的自主权。

对此,奥尼利和图什曼给出了一个例子:在惠普公司,某个部门可以轻易挤占创新性打印系统研发项目的资金,用于传统产品线的重新开发。另一个因缺乏距离而扼杀新产品的经典案例,就是耐克的 FuelBand 运动腕带。作为与 Fitbit 及其他健身追踪器材竞争的穿戴设备,FuelBand 腕带凭借其简洁的设计风格和巧妙的社交功能,赢得了早期用户的青睐,从而在用户中形成效仿风潮。但 FuelBand 不得不受制于烦琐而复杂的内部控制。制造腕带的工程团队很清楚,这款产品需要与智能手机高度集成,而且必须快速进行功能迭代。耐克公司内部的产品开发节奏和强调稳健的风格显然无助于解决这个问题。随着时间的流逝,这款产品的功能开始远远落后于其他健身追踪器。的确,勒布朗·詹姆斯也佩戴了一件 FuelBand 腕带,但用户需要的,只是一款能与 iPhone 和 Android 系统高度兼容的产品。在经过两年的运行之后,在 2014 年,耐克最终叫停 FuelBand。产品开发团队中的很多人转战苹果,加入苹果的手表设计团队。对苹果 CEO 蒂姆·库克(Tim Cook)来说,这款新产品的成功来得这么快、这么突然,确实让他始料不及。

4. 缺乏资源

企业创新应简洁而轻快，而且不能过度依赖资源，但也不是不需要任何投入。当然，创新所需要的资源是多种多样的：办公空间、资金预算、人员、研发实验室以及法律支持等。投入资源过多会导致步履沉重，最终拖累产品的步伐，并最终导致项目因不堪重负而瘫痪。但资源短缺则是更普遍现象，而且往往会导致创新项目胎死腹中。无论表现为高层的"否定"，还是持续性资金不足，资源匮乏都会向企业内部的创业者发出信号：他们的工作没有得到重视，他们只是在浪费时间。袁征在 Zoom 项目中的经历告诉我们，哪怕只是置之不理，就足以饿死创新者。

有些公司甚至在资源分配方面同样采取了创新性方式。长期以来，3M 始终执行为员工个人项目提供 15% 资金的政策（谷歌最初制定的比例为 20%）。3M 公司每年举办一次活动，全体员工以海报形式展示自己的项目。他们站在礼堂内，成千上万的 3M 员工像进行阅兵式一样展示他们的海报，并互相提供反馈和建议。如果项目有发展前景，那么，负责人有权以合作者身份加入项目的进一步开发。让员工用脚投票，使得 3M 在公司内部创造了一个行之有效的创意市场，并以精巧的方法把资源配置到最具说服力的项目上。正是凭借这样的方法，把资源和有创造力的人力资本结合起来，并最终带来诸多创新型产品：从油漆工使用的胶带，到反射性光学薄膜，再到透明绷带，无不出自于员工的创意。

5. 用错人，选错角色

内部创新团队通常由组织领导者牵头组成，而且这些领导者应该是整个组织最有话语权的人，对组织事务拥有决策权。当然，团队中的工程师或设计师也应该来自于组织中最成功的团队。但是，让一个人在公司中取得成功的要素，未必能令这个人把成功延续到创新和内部创业项目上。

大型实体的成功往往来自于循规蹈矩，不越雷池一步——即使需要它们突破现状，它们也只能稍稍偏离轨道。但是在进行创新和快速行动时，这种坚守就会成为障碍。尽管这些高管、工程师或设计师曾在其他环境下取得成功，但是在创新这个问题上，你需要拥有完全不同的愿景，敢于尝试全新的行为方式。正因为这样，在为皮克斯动画公司组建《超人特工队2》的拍摄团队时，导演布拉德·伯德（Brad Bird）雇用了一批不安定的员工充当"败家子"，他希望能借此给这部电影带来全新的视觉特效，并以前所未闻的速度制作这部电影。

在接受麦肯锡咨询公司采访时，伯德是这样说的：

"我说：'给我们找几个败家子。我希望和不甘心现状的艺家合作。我希望这些人能以一种闻所未闻的方式做事。我希望所有人都能走出条条框框。'很多人对现状心存不满，因为他们想到了不同的做事方式，但却没有机会去尝试，因为原有方法已经够好了。因此，我们需要给这些败家子一个机会，让他们去证明自己的理论。而且我们也改变了做事方法。比如说，每分钟的拍摄成本已经远远低于上一部《海底总动员》，在这部影片中，我们的实际布景数量相当于计划的3倍，而且达到了很多难以达到的效果。所有这一切，是因为皮克斯的负责人给我们机会去尝试疯狂的想法。"

6. 缺乏问责制

创新是一件既诱人又有趣的事情。但是，太多的传统公司只是把创新目标当作可有可无的宠物项目，而不是不可不为的既定方案。对此，它们最常见的态度就是，"嗯嗯……如果能行得通，那可是太好了！"这显然是对创新重要性最可怕的诠释。这种情况很普遍，但却透露出一种可有可无的态度：创新无须承担真正的责任，更不能经常接受严格的质疑，只有在这种情况下，它们才愿意去进行所谓的创新。当然，我们还会看到，在前述诸多失败的创新架构中——譬如硅谷设立的创新前哨站以及公司内部的创新团队，经常会出现这种缺乏问责制的问题。更糟糕的是，这种环境很可能会诱惑不合适的高管参与到创新项目中：他们对创新缺乏真正的责任感和奉献精神，只是把创新作为粉饰他们履历的一种方式。

有的时候，缺乏问责制可能会带来可怕的后果。在取得数十年辉煌的业绩之后，思科 CEO 约翰·钱伯斯（John Chambers）采纳了新的管理结构，通过组建一系列的理事会和专业管理委员会，将公司决策权下放给约 500 名高管和负责人。这项举措的初衷，就是刺激整个公司内部的沟通，让这家不断发展的网络巨头拥有更强大的整体代谢能力，以实现加快发展。作为这项策略的部分内容，钱伯斯让分管各委员会的高管亲自主抓希望的创新项目，但是对于到底哪些属于有希望的项目，公司并不做具体规定。创新只是这些新设委员会和内部董事会的任务之一，但项目任务则由公司领导负责。

这种所谓的矩阵管理系统很快让思科的负责人感到不适，深陷大量的会议和讨论让他们感到疲惫不堪，也让公司的决策效率大大下降。可以想象，当一名高管突然要分身于数十个委员会的情形：无须承担责任的创新项目，自然也就丧失了优先性。当高管对创新无须真正承担责任时，内部创新自然也就失去了他们的关注，更不用说创造新产品了。这种局面维持了两年时间，在数百名思科负责人离开之后，钱伯斯不得不承认，他的管理思维确实有误。思科在创新领域停滞不前，全面滞后于公司激进的内购战略，因此，失败自然是在所难免的事情。迄今为止，这家公司仍在为如何以内部创新推动产品开发而烦恼。

7. 文化不当

有害的权力机制、不一致或是不清晰的规则以及畏惧失败所带来的不作为，都会妨碍企业的发展。研究表明，健康而富有效率的文化与企业转型能力息息相关，但大多数企业依旧不愿花时间去思考内部文化，更不用说改善内部文化。消极的文化会削弱员工的敬业精神，弱化他们的创造力，并增加员工的流动率。

今天个人计算领域所采用的技术，大多出自施乐公司，但时至今日，施乐在计算领域的作用几乎可以忽略不计。柯达发明了数码相机，但是在数码相机的打击下，他们在2012年申请破产。诺基亚曾是智能手机的先驱，但早已经把领导权拱手让给苹果的iPhone。这些公司没有利用自己的转型优势，因而错过了至关重要的市场机会。尤其是柯达，因为担心数码摄影会给传统胶片业务带来竞争，因而放弃了创新。于是，在本应考虑长期收益时，柯达却只看到了下个季度。

但有两位CEO充分认识到文化在推动企业转型中的重要性，他们是IBM的郭士纳和微软的萨提亚·纳德拉（Satya Nadella）。

郭士纳于1993年加入IBM，并制定了以流程和文化重夺竞争优势的战略。例如，考虑到互联网和Web技术的广泛采用，因此，从专有标准转向开放标准对IBM的新战略而言至关重要，而且IBM必须学会开放思维，博采众长，甚至要放弃基础技术，利用业务流程创新来解决顾客问题，从而实现创造价值的终极目标。

郭士纳认为，在所有这些复杂流程的背后，永远是公司的形象和价值观。

我到了 55 岁才想明白这件事。我始终把文化看作我们茶前饭后谈论的话题之一，比如说营销和广告。对企业而言，这确实是管理者需要掌握的工具之一。但是到了 IBM，我才明白，文化代表一切。

2014 年，也就是在微软聘请萨提亚·纳德拉担任 CEO 的 6 年之后，微软的股价已经翻了 3 倍。纳德拉一直因成功地把微软从"设备和服务"类企业重新定位为"移动和云"公司而倍受赞誉。但纳德拉始终表示，如果不改变 13 万名员工所面对的文化，微软的重生是不可能的。

在《麦肯锡季刊》的一次采访中，纳德拉表示：

世界上永远都不存在永动机这个东西。在某个时候，能让你成功的概念或想法可能会突然消失。此时，你需要新的能力去捕捉新的概念。唯一能让你继续创建新能力，去尝试尚未失去活力的新概念的东西，就是文化。

纳德拉始终强调，必须在成长型思维的基础上培育学习型企业，只有这样，公司才能不断寻求发展，并持续取得进步，进而取得令人瞩目的成就。

需要提醒的是，任何不良行为都可能传染给整个企业，并造成难以弥补的巨大损失。

善于发现问题并及时消除不良行为的团队文化，最鲜活的例证当属是新西兰英式橄榄球国家队，也就是所谓的"全黑队"（因球队从诞生起就一直穿全黑色的比赛服而得名）。它是有史以来最成功的英式橄榄球队，胜场率达到80%，它拒绝容忍会威胁团队均衡或"whauau"（毛利语中的意思是"大家庭"）精神的任何不良行为。这里没有任何明星或主角，每个人都必须为实现同一目标共同努力。

8. 缺乏高层支持

正如本章前文所述，实现创新需要资源、耐心、距离和突破意识。但所有这一切都依赖于有组织高层支持的创新努力，只有取得高层的支持，才能抵御各种让创新夭折的阻力。

公司是一种微观形态的政治生态，各部门的预算也要面对激烈的竞争。对CEO及其领导的团队而言，预算就是他们对未来的赌注，在这场赌博中，每年都会产生明确的赢家和输家。对任何有权决定如何使用本部门预算的管理者，他为哪个团队分配多少预算，实际上就是他对本部门各项任务轻重缓急做出的决策。

但是从政治思维出发，最常见的权宜之计，就是扼杀前途未卜的创新，用有限的资金去养活那些一直在为公司创造收入的人。因此，如果没有高层领导者的强力支持，创新就很有可能被其他部门带着放大镜挑三拣四，然后成为自生自灭的"养子"。思科的经历从一定程度上证明了这一点。因为大多数高管忙于扶植和指导五花八门的创新活动，因此，所有人都没有得到相应的顶层支持。这是创新领域最经常看到的一幕悲剧。

唯有均衡方能成就创新

这"八宗罪"在很多方面有异曲同工之处，而且它们暗示着组织内部对创新缺乏有效管理这样一个事实：始终在为权衡而权衡。在现实中，均衡最为重要，厚此非彼只能有损于创新。距离太远或太近都不是好事。因此，组织唯有权衡利弊，不断调整，确保以合理的均衡应对创新挑战。

第3部分

打通实现指数型增长的创新之路

在过去的 20 年里，我们与众多公司共同开展了数十次创新活动。我们曾指导传统能源巨头通过尝试创新和改进商业模式来创造商机；协助零售连锁集团和超市企业抵御亚马逊及其他在线供应商的威胁；参与过金融服务机构的自救；与金融技术公司进行合作；也曾为美国中央政府在资源配置、改进招募策略以预测军队未来需求等方面提供咨询。 与大多数创新专家不同的是，我们均有过在大型机构长期担任高级主管的经历，负责监督组织的重大创新活动。在埃森哲公司，伊斯梅尔曾任职高级经理，为全球客户推动组织变革。在 IBM，他经历了公司历史上最困难的创新时期，这也是蓝色巨人的第三次转型。 维韦克曾参与创建过两家成功的软件公司，其中一家公司在短短五年内便以 1.2 亿美元的营收公开上市。 作为一名学者，他一直在为多家全球顶级大公司提供指数型创新的高管辅导和指导培训。

此外，我们还阅读了尽可能多的相关研究。 通过这些研究，我们体会到创新研究的质量的确千差万别。 但我们相信，结合实践经验以及对相关领域学术思想和模型的（过度）分析，我们应该很清楚，哪些创新是合理的，哪些是无效的。 这也是我们创作本书的原因。 在这个章节中，我们将与读者分享自己的认识和感受。

第 8 章
"千万不要买这件夹克"：
颠覆零售业未来的营销口号

> **本章简介**：在这个简短的章节中，我们将介绍一家深受市场爱戴的服装制造及零售企业，看看他们如何进行商业模式创新（甚至是可能吞噬现有业务的模式），从而创造出令人咋舌的优良业绩。一家消费品公司居然可以敦促自己的客户不要在每年的热销季购物，这样的经销模式是全球零售品牌经历的第一次真正洗礼（图 8-1）。

但是在 2011 年 11 月，也就是所谓的"黑色星期五"这一天，从事户外装备销售的巴塔哥尼亚公司（Patagonia）恰恰就是这么做的。他们打出了一份非常醒目的广告，向购物者传递出一条颠覆性的信息："千万不要买这件夹克。"通过这条刊登在《纽约时报》的广告，这家南加州公司似乎在以挑逗的方式吸引人们关注它的"新化纤再生"环保计划。

广告继续详细列举了这款 R2 夹克给环境带来的影响：每制

造一件夹克需要消耗 135 升水（足以满足 45 人每天的饮水需求），产生近 20 磅的二氧化碳（接近夹克本身重量的 24 磅）。此外，广告中还附加了一段包括反消费信息的文字："因为巴塔哥尼亚长期致力于以保护环境为终极目标的商业活动，并为我们的后代留下一个宜居世界，因此，我们今天希望能与其他企业反其道而行之。我们请求你少买点东西，然后，在决定购买这件夹克或其他任何物品之前，请三思而后行。"

图 8-1 巴塔哥尼亚可回收服装的反直觉营销。 巴塔哥尼亚户外装备公司宣传二手业务的标志性广告。

资料来源：图片来自 Patagonia, Inc.

第 8 章 | "千万不要买这件夹克":颠覆零售业未来的营销口号

"新化纤再生"环保计划的目标,就是鼓励人们购买二手服装,以最大程度提高服装制作环节的环保意识。2011 年年初,巴塔哥尼亚与 eBay 联手成立一家品牌商店,专门在 eBay 上转售巴塔哥尼亚生产出售的无磨损服装及装备。为提高市场的接受度,巴塔哥尼亚不对交易收取任何差价。eBay 用户完全按常规程序出售商品。对他们来说,要在 eBay 的微型网站上出售二手物品或购物,唯一所要满足的条件,就是签署"新化纤再生承诺",也就是说,用户应做出如下承诺:在可能的情况下,用户之间尽可能互相买卖巴塔哥尼亚的二手服装,避免直接购买新商品。

十年后,这种反直觉思维为巴塔哥尼亚创造了越来越多的新收入来源,而跟踪高端服装重复利用和转售这一快速增长的消费趋势,也大幅提升了他们的环保声誉。巴塔哥尼亚网站上专门开辟了一个完整版块,专门用于出售符合高标准的二手服装(某些服装甚至由公司进行了免费翻新)。

在科罗拉多州的博尔德市,珍珠街是一个富人云集的豪华商圈,巴塔哥尼亚在这里开设了一家店面。走进这家店面,你就会发现"新化纤再生"环保计划遗留下来的最早的永久性故址——巴塔哥尼亚的"二手货"柜台。这家位于旗舰店内部的小店面是专门出售二手商品的精品店,而且很可能是巴塔哥尼亚在美国开设的第一家店面。实际上,在博尔德旗舰店开设这家永久性"二手货"精品店之前,巴塔哥尼亚已在其他地区开设了数十家快闪店,用来测试这一经营概念。"二手货"项目的口号非常巧妙:

"这些服装是用其他服装制成的"。

多年来,巴塔哥尼亚始终在履行它的环境价值观,并以此作为他们的营销工具。巴塔哥尼亚公司于 2005 年开始回收二手服装,此外,他们还回收并融化聚酯产品,并在新产品中重新利用这些还原材料。通过长期实践,公司得出的结论是,虽然回收利用具有环保作用,但更大的作用是鼓励人们长期使用巴塔哥尼亚生产销售的衣服。

在位于博尔德的"二手货"精品店里,巴塔哥尼亚还开设了一家寄售商店,购物者可以在这里置换、维修和购买二手物品。但有讽刺意味的是,这些做法在实践中反倒会鼓励更多消费者去购买价格不菲的巴塔哥尼亚商品,因为他们盘算的是,他们随时可以把商品退回巴塔哥尼亚(而且没什么麻烦)。巴塔哥尼亚每年会修理超过十万件服装,其中大部分在二手货市场上的出售价格超过 50 美元。巴塔哥尼亚从未透露过这笔业务的收入,但根据估计,这项新的收入来源每年可能为公司带来数百万美元的"意外之财";而零售行业分析师则认为,"二手货"计划还会促进巴塔哥尼亚服装的新产品销售。

被颠覆的商业世界——好事一桩

乍看上去,当巴塔哥尼亚告诉购物者不要购买他们的新产品时,这似乎并不像是培育创新的最好方法。但是,最好的创新理念往往来自最意想不到的源头——某个不相干的机构甚至是事后的想法。(就像我们的记者朋友经常说的那样,最精彩的一段话往往出现在你关闭录音机的那一刹那。)在这里,我们之所以选择巴塔哥尼亚为例,是因为它的做法的确不拘一格,而且令人感到温馨惬意,尽管它为实现目的所采取的策略肯定不是商学院的标准说法,但最终取得的结果几近完美。在后续各章中,我们将探讨如何把这些理念付诸实践,并让它们服务于实践。首先,我们不妨看看,这些新的商业模式为什么会成为主导创新的核心要素。

第 9 章
平台技术与市场

本章简介：在本章里，我们将会看到，给大型科技公司带来快速增长和盈利的新型数字业务模型是如何从新技术中脱颖而出的。平台技术往往拥有某些共同的动态因素，包括网络效应、有效分配以及非对称增长等。

把"千万不要买这件夹克"从口号转化为以销售二手商品为主的全新业务线，大幅提高了巴塔哥尼亚的单位商品价值。这种新型利润引擎的释放足以证明，飞跃式先进技术有能力促进如下两种新的商业模式：市场和平台。

自古以来，市场的作用就是人们聚集并进行交易的场所。从伊斯坦布尔的大市集到伦敦的牛津街，再到遍布全球各地的购物中心，市场无处不在。但虚拟市场显然比实体市场更易于访问，而且更有盈利潜能，因为它们无须面对实体经营空间或是商品手册页数的限制。其实，亚马逊的总体设想就是创建一个"不受限制的货架",它可以轻松承载数亿种产品的重量,这显然是任何实体店面都无法做到的。而互联网和无处不在的联结则让市场的形成不再困难:eBay、Amazon、PayPal 和很多其他网店都因此而取得成功。

从市场到支撑整个业态系统的平台

遍布形形色色的市场,平台业务已成为全球商业体系中最强大的一股力量。平台为其他经营者提供了创建企业的基础。这些平台以创新性产品和功能打造出新的价值源泉,在增加每个零售商盈利的基础上,为其他所有个人或企业提供了新的利润基础。在 20 世纪 90 年代末和新千年之初,大多数一鸣惊人的技术成就都是平台技术。Salesforce、脸书、谷歌、微软和亚马逊就是最典型的范例。在撰写本文时,世界上最有价值的 5 家上市公司均为平台企业——苹果、谷歌、微软、亚马逊和脸书,他们的市值总和超过 3 万亿美元。排名第 7 和第 8 位的是两家中国平台企业——阿里巴巴和腾讯。市值排在第 9 位的 Visa,同样也是一家平台公司。

根据毕马威(KPMG)提供的数据,截至 2018 年,在公开市场和私人市场上,全球前 242 家平台公司的总市值超过 7 万亿美元,其中有 187 家公司的市值超过 10 亿美元。亚马逊网络服务(Amazon Web Services,亚马逊旗下的子公司)就是其中之一。假如这是一家独立公司的话，完全有可能会跻身全球 15 家最有价值公司之列，而谷歌拥有的 YouTube 和苹果旗下的 App Store 同样可以进入"财富 100 强"。

交易平台、创新平台以及综合平台

在大多数情况下，平台发挥的作用是在线媒介或技术框架。最常见的平台类型就是交易平台（transaction platform），它把买卖双方聚集在一起，并为双方提供有效的交易工具；最典型的例子就是 eBay 以及民宿短租公寓预订平台爱彼迎（Airbnb）。

以苹果公司为例，它就拥有自己的软件商店 App Store，开发机构可在这个平台上出售软件产品（游戏或软件程序），而发行机构可以出售自己的内容产品（音乐、电影、书籍或杂志）。此外，苹果公司还为第三方提供可在苹果平台上开发应用程序所需要的软件框架。

其他交易平台包括亚马逊、爱彼迎、优步和百度等。

第二种平台类型为创新平台（innovation platform），它们的作用是为企业提供通用性技术框架，并从而为平台提供商以及使用该平台或是在平台上开发软件的人创造盈利机会。比如说，Salesforce 就是一个创新平台，它为数以千计的独立公司提供技术支持，这些公司依赖 Force.com 的技术框架开发和销售自己的软件产品。

当然，功能最强大的平台企业往往既是交易平台，又是创新平台，或者说，是一种综合平台（combined platform）。脸书就是一个典型的综合平台：这既是可以购买娱乐、游戏和广告的市场，也是开发人员使用脸书技术创建和销售游戏或内容的平台。

平台业务早已经在人口稠密地区得到普及。在非洲，M-Pesa移动支付平台被视为第一个广泛采用的移动支付平台，它甚至早于中国在当地推出的 WePay 和支付宝业务。

此外，平台还可以搭建在软件控制的物理设备上。特斯拉汽车、大疆无人机（DJI）以及苹果、亚马逊和谷歌的语音助手，都属于包含物理设备和软件的平台。开发人员在 Android 和 iPhone 基础上的应用程序，就是一个典型示例，不过，很多企业正在使用大疆的开放式应用程序编程接口（API）和开发者平台，从而在 DJI 的基础上构建附加产品，在飞行智能手机功能基础上增添新的功能和价值。同样，我们可以把特斯拉看作一个连接电池和机箱的软件平台。尽管特斯拉尚未开放其 API，但还是有业余爱好者对其进行了反向工程，并进行了大量的交互式调整。此外，在与其他汽车制造商的合作中，特斯拉可以分享他们提供的各种售后市场产品，从而以多种方式对汽车进行改进。

当然，平台也可以利用已取得成功的应用程序。比如说，优步正在寻求将送餐和运输物流业务搭建到最受欢迎的叫车应用程序平台上，以期实现收入来源的多元化。谷歌地图也在开发新的附加业务——为需要地图及其他相关数据的应用程序企业提供地理空间信息访问权和持续性更新,这项业务目前正处于快速增长期。

其他常见的平台特征

在大多数情况下,所有创新平台共有的关键要素就是软件,正是通过有效的软件能力,才让平台拥有了如今的速度和影响范围。此外,平台企业通常还拥有其他三个关键性特征:网络效应、分送能力和非对称性增长。

网络效应:越多越好

平台企业是网络效应的受益者,也就是说,在平台上,每增加一个用户,都会让平台对卖家更有吸引力,让平台对双方更有价值。使用平台的用户越多,平台搭载的产品、服务或信息数量越多,平台本身就越有价值,就越难以受到挤压。正如我们在传真机、智能手机和在线多人游戏上所看到的那样,技术也会受到这种影响。最有价值的平台往往拥有强大的网络效应。随着参与者人数的不断增加,也让 LinkedIn 缔造的商业社交网络以及德国的 XING 更强大,更有价值。

分送能力:大量资金流向他人

平台业务模式通过为他人提供利润得到迅速扩展。此外,平台业务往往特别适合于所谓的长尾交易和业务——也就是说,交易数量和需求都有可能受到限制。这会让更多参与者从中受益。比如说，无论是每月只能售出少量商品的卖家，还是把 eBay 视为成熟数字销售渠道的大型零售商，eBay 都可以为他们提供同等完备的支持。

非对称性增长：有舍才有得

大型平台企业吸引顾客的一种常见方式，就是为顾客提供一部分免费服务，然后，通过广告或出售用户数据来间接完成这部分服务的货币化。众所周知，谷歌和脸书以搜索引擎和社交网络开启了这种业务模式的先例，但实际上，很多平台企业都在这么做。例如，苹果免费发送很多类型的内容和 App 功能。通过先舍后收的方式，平台公司可迅速建立起相当规模的客户群，从而为其成功销售商业产品提供必要的基础。

所有公司都想成为平台公司

尽管拥有众多平台业务要素的公司已存在了数千年，但直到 20 世纪初，"平台业务"这个词才为人们所熟知和接受。从那时起，风险投资家开始痴情地迷恋这种业务模式。他们热爱平台业务，因为它拥有非常高的资本效率，并且对资本支出或实物开支的要求非常低。平台的繁荣依赖于所谓的无形投资。CEO 们也高度青睐它。在不计其数的商业调查中，很多行业的高管无不透露出对在本企业中开发平台组件的殷切期望。

巴塔哥尼亚把这些优势发挥到了极致，它把业务从单一通道的零售店扩展到整个市场，从而更全面地拥有这种顾客关系。实际上，巴塔哥尼亚本身就是利用自己的平台 Trove（以前的 Yerdle），支持它的在线二手转售业务。这种嵌套在公司内部的平台更为常见。

很多行业早就形成垂直一体化市场。例如，长期以来，苹果公司始终接受以旧换新业务，出售翻新产品。而汽车经销店收购和转售二手车早已驾轻就熟，他们把这项业务作为刺激顾客升级新车的重要方式。

但诸多关键性变化已让市场的创建和升级更为简单轻松。今天，每个打开智能手机的人可能都在购物。搜索引擎让购物者不费吹灰之力即可找到适合自己的市场，而对市场来说，他们同样可以轻而易举地向目标购物者发送广告——尤其是那些已显示出购物意向的潜在购物者。在这方面，谷歌 AdWords 技术的能力令人瞠目结舌。在原型设计阶段，设计人员和工程师显然可以利用这种技术进行产品测试，并找到潜在的产品使用者。

市场和平台是诸多创新突破的枢纽

这些把市场和平台融合为一体的模型也体现出以新技术创造业务的多种方式，它们为其他企业提供了创造新业务的平台，并为这些业务长期成长提供支持。当然，有些最有创新能力的平台企业并不是市场，比如说 SpaceX 和剃刀俱乐部。但所有平台都无一例外地具有市场特征。例如，SpaceX 正在寻求对发射航天器的货运仓位开展拍卖业务。剃刀俱乐部则在包装盒内附带其他产品和赠品。特斯拉也正在从汽车向其他领域拓展，并计划利用其汽车系统提供娱乐业务。几乎所有畅销业务都可以承载平台或市场要素，因此，所有业务都可以成为平台，在这种情况下，它们唯一需要做的，就是确定到底应共享、转售、调整或是补充哪些业务。

创新型公司正在致力于平台设计

最聪明的企业会把平台视为成功的钥匙，而不是偶然为之的一时之举。譬如，农业设备制造商约翰·迪尔（John Deere）和工业巨头通用电气（GE）等传统组织，无不在探索市场和平台业务模式，以期释放更多收入来源或是创造新的收入源泉；因此，它们毫不保留地拥抱指数型创新技术创造的新商机。当然，它们也毫不避讳地承认，它们或许不知道，下一个伟大的商业模式将是什么。

把亚马逊打造成为一个创造平台的公司

这在一定程度上可以解释，亚马逊为什么会大张旗鼓地推行其 API 宣言：所有内部业务都应采取用户可访问和使用的软件程序、协议和工具，这样，用户就可以在此基础上创建衍生业务或是与之并行的业务。这正是亚马逊 Web Services 平台的独到之处，这个始于公司内部 IT 项目的平台，如今并已成为杰夫·贝佐斯最赚钱的利润中心。人工智能对这种模式而言尤为重要：量子计算大幅削减了信息处理成本，他们的应用程序不再贵得令人生畏。

在《平台革命：改变世界的商业模式》（*Platform Revolution: How Networked Markets Are Transforming the Economy and How to Make Them Work for You*）一书中，杰奥夫雷·G. 帕克（Geoffrey G. Parker）、马歇尔·W. 范·埃尔斯泰恩（Marshall W. Van Alstyne）和桑基特·保罗·邱达利（Sangeet Paul Choudary）对平台力量做出了非常透彻的解释：平台业务让生产者和消费者在高价值交易方面实现了对接——而交易的主要资产是信息和互动。这些互动成为价值的源泉，也是竞争优势的来源。正是这种互动，让硅谷能在所有行业中成为高高在上的胜利者。

平台正在迎来一个全新的商业环境——少数强大的企业正在变得比以往任何时候更加强大。但是，它们也越来越容易受到市场情绪变化、顾客偏好和技术过时的影响。在很大程度上，创建平台模型及相关创新的能力严重依赖于组织文化，这也是我们将在下一章进一步讨论的话题。

第 10 章
创新的组织性（无序性）

本章简介：通过对电池进行简洁精妙的创新，专业电动工具制造商得伟公司（DeWALT）一炮打响，年收入增长数亿美元。我们讨论了减少摩擦的重要性，高层管理者必须接地气，拿出足够的时间与员工和客户开展交流，积极创造沟通渠道，让团队和成员了解和关注新的观点，并愿意为之努力，即使这些观点不会产生预期结果，但过程本身更有意义。为此，我们设计了一个有助于减少创新摩擦的项目清单，以帮助组织识别有可能妨碍组织创新的潜在因素。

完美的组织或是各方面受限的项目未必能带来创新。相反，创新可能需要一点点不可预测性，比如说，在与客户交谈或是和其他部门的偶然碰撞中，创新之光或许就此萌发。正是出于这个目的，苹果的史蒂夫·乔布斯设计了皮克斯工作室大楼和库比蒂诺新苹果园区，为员工创造出更多偶遇和邂逅的机会：当员工穿越园区或是在自助餐厅进餐时，他们就会以各样想的到或想不到的方式走到一起，在频繁而随机的接触中，触发灵感，激发智慧。高度目标化的创新项目未必能带来创新，但它是一个必要条件：随机性和外部关注共同汇聚成一种无序力量，这种力量恰恰是撼动旧思维、培育新思维和新观念所必需的。在本章，我们将介绍所谓的"无序性"原理，并以具体示例说明它在现实世界中是如何发挥作用的。

得伟给建筑业"连电"

在美国,得伟已成为最值得信赖的建筑工具品牌之一,它也是全球最大五金工具集团史丹利百得公司(Stanley Black & Decke)的子公司,该集团在 2018 年的销售额达到 140 亿美元。通过亲身感受客户的使用过程、大量进行现场调研以及对咨询施工团队进行真诚请教,它赢得了承包商和其他用户的高度信任,也让它的电锯、电钻及其他工具成为市场上的热销品。

在大量的现场调研中,得伟的研究团队注意到,建筑商更喜欢使用电池驱动的无绳电钻和电锯,但是在使用斜切锯等高功率工具时,仍偏向于使用连接发电机或电源的工具。通过这一现象,研究团队看到了出售高容量电池机会的商机,比如说,可同时为小型工具提供 20 伏特电压和为重型工具提供 60 伏特电压的电池。在经过调查后,一个项目团队向得伟管理层提出了这个想法。幸运的是,尝试新产品和进行自下而上式的创新,始终是得伟管理层的优良传统。

创新刚刚让得伟尝到甜头——采用蓝牙技术追踪工具位置的电池大获成功。借此东风,公司高管欣然接受这一想法,并马上批准进入开发流程。2016 年,公司便推出 Flexvolt 可变电压电池

| 第 10 章 | 创新的组织性（无序性）

产品线。新的产品线赢得建筑商的一致好评，《大众科学》（*Popular Science*）杂志把这项技术评选为年度十大家庭创新之一。到 2018 年，Flexvolt 产品线的年收入已达到 3 亿美元；随后，得伟陆续推出其他采用大功率或长寿命电池的工具，如电动割草机。

可变电压电池显然不是它的第一次成功，当然也不是偶然的成功。公司在产品创新方面的悠久历史，完全得益于高层的关注与基层的投入。相反，这些成功源于史丹利百得采取的很多重要原则，在我们看来，这些原则恰恰是实现有序创新或无序创新的关键。他们对创新的投入是全方位的，公司的风险投资部不仅投资于创新企业，还与顶级风险孵化器 Techstars 合作，在亚特兰大和硅谷创建了两个加速器项目。

不管在公司中处于哪个级别，只要有自己的想法，都能得到公司以多种方式提供的支持。但最重要的是，高管层会投入大量时间和精力与创新者进行互动，并及时跟踪创新进度。在 2018 年接受《战略与商业》（*Strategy+Business*）杂志采访时，史丹利百得首席技术官马克·梅伯瑞（Mark Maybury）表示："我们的创新战略分布在全球各地，而且形式多种多样，全方位地与公司整体业务无缝对接。"这些杂乱无章的创新举措让人们想到创新的组织性（无序性）概念：以各种各样的方式进行小规模的尝试，而不是在为数不多的大项目上孤注一掷。

以减少摩擦和消除障碍为创新打造基础

任何组织都可以通过多种方式来培养和维护创新。

我们已从多个角度讨论过鼓励各级员工提出创新思维的重要性。为吸引员工为实现更大目标而提出创新性观点，组织可以采用数字建议箱、以改进流程为目的的定期团队会议或是公司创新竞赛等措施。为实现到 2050 年碳排放量减少 50% 的目标，英国航空公司（British Airways）在全公司范围组织了一次创意竞赛，而飞机厕所除味技术就来自这次竞赛。该航空公司也是第一家签约使用植物航空燃料的企业。鼓励创新的另一种方法是创建多元化的小型跨学科团队。在这方面，亚马逊充分体现出小团队营造大成就的威力。实际上，亚马逊的大多数新业务线均出自于 12 个小规模项目团队。（亚马逊采用"披萨饼模型"控制技术开发团队的规模——团队的人数应适合于分享一张披萨饼。）设定一个可衡量、可判断的远大目标（但最初不必担心这个目标能否兑现），是谷歌 OKR（目标关键成果）管理模型的核心，这个模型鼓励员工大胆设想，勇敢探索——只要能实现目标的 70%，就应该认为，他们的努力是成功的。

要让团队和员工敢于创新，善于创新，关键就在于允许他们自主创新。不应该采用固化的安排、严格的计划或强制手段去推动他们创新；创新绝对不是可以用时钟或日历来评价的；员工绩效评估同样无助于创新。因为每个人都喜欢把创新当作游戏去享受，因此，当高层管理者以"专家"身份提出"反馈"或指导时，即便他们的初衷是善意的，但这无异于浪费时间和精力。

另一种有助于内部创新者的方法，就是最大程度减少外部和组织固有的惯性对他们的干扰：必须让他们摆脱层级制度的制约、常规会议的干扰以及对创新目标毫无价值的责任；不要对他们进行强制性的绩效考评；不要让考核委员去决定项目的生死。

> **对照标准：减少创新摩擦**
>
> - 以下问题永远不存在最优答案；它们的作用是激发人们去思考创新。
> - 团队是否能迅速（几个月或更短时间内）构思并启动一个创新项目？
> - 创新项目团队的参与者是否涉及多个学科？
> - 创新项目的参与者是否能摆脱与日常工作相关的其他责任？
> - 针对创新项目，预期应间隔多长时间须提交一次正式报告？
> - 针对创新项目，每个季度应与项目外部人员召集几次会议，汇报项目的最新进展状况？
> - 创新项目团队在采购设备或服务时，是否需要遵守其他部门进行常规项目所遵循的程序？
> - 是否允许创新项目与外部各方自由合作？

如果公司决定不采纳创新团队提出的建议，是否允许项目成员成立新公司，去尝试创新建议的可行性？

这似乎是主张在公司内部成立一个"创新部门"，但创新与创新部门是有着本质区别的——创新是从下而上的，而不是听从于公司顶层的命令。有的时候，创新团队似乎无须承担责任，甚至还要打破公司的规则。没有办法，创新团队不仅要有充分的紧迫感和责任感，更重要的是，还要有强大的自治性和创造力。

归根到底，我们希望这些企业家和创新者尽情发挥他们的想象力和创造力，并勇于按自己的创意独立创业，用实践去尝试和检验这个想法。这很正常，也很自然。人为限制知识产权只会带来痛苦，"鼓励"员工隐藏自己的创意。如果给他们充分的自由，有些人可能选择在原有公司内尝试这个想法；有些人可能更喜欢从头开始，以新的组织去追逐自己的梦想。两种方式都没有问题，原地不动有利于打造企业的品牌和声誉，但理想的方式，则是在塑造创新文化的同时，另立门户，创建新的业务线或业务模式。

第 11 章
创新企业的策略

本章简介：本章介绍了各种规模企业为推动创新而采取的策略。这样的策略形形色色，多种多样；从广义上说，包括创新奖励和创新竞赛、设计冲刺、众筹、精益法、对外引入以及招募破坏规则者和梦想家等。

我们可以采用很多方法推动创新，也可以利用多种方式激励员工和利益相关者开发创意性产品、解决方案和服务。本章将介绍一些高度可行并经过实践检验的体系和方法，我们认为，无须投入大量资金，也不会带来难以落地的风险，即可把这些方法直接用于组织。

创新奖励和创新竞赛

"安萨里亚轨道飞行 XPRIZE"竞赛于 1996 年正式启动，旨在推动太空发射及太空飞行领域的创新。竞赛设置的奖金总额为 1000 万美元，获奖者应"开发出可靠、可重复利用且由私人资助的载人宇宙飞船,而且这艘飞船能在两周内两次将三个人发送到距地表 100 公里的高空。"这项比赛揭开了亚轨道进行高效、低成本航天飞行的创新大幕。竞赛还吸引了一大批全球顶级工程师的关注和参与。在微软公司亿万富翁保罗·艾伦(Paul Allen)的支持下,富有开创精神的航天企业家伯特·鲁坦(Burt Rutan)在 2004 年 10 月 4 日首次赢得这笔奖金,对此,XPRIZE 竞赛组织者明确表示,尽管航空领域已经有了波音和阿里安航天公司这样的传统超级大企业,但太空依旧是最适合探索创新的领域。实际上,仅凭第一届 XPRIZE 竞赛发放的这点奖金,便撬动了数十亿美元的资金进入后期开发。

DARPA 挑战赛是另一个非常成功的经典案例。美国国防部高级研究计划局(DARPA)曾发起一系列的科学挑战赛,吸引了一大批来自学术界和产业界的顶尖研究团队。2004 年 3 月 13 日,第一届 DARPA 挑战赛在美国莫哈韦沙漠举行,设立奖金总额为 100 万美元,按照比赛规则,沿既定路线行驶距离最远的自动驾驶汽车将成为胜利者。卡内基·梅隆大学设计的全部机器人均未完成比赛全程路线,最终获胜的参赛车辆也只行驶了 11.78 公里(7.32 英里)。随后的比赛范围扩大到越野比赛,而后是无人机。很多参赛团队和研究人员后来成为全球顶级无人驾驶汽车技术的骨干力量,推动了无人驾驶汽车在全球范围的创新。

即使没有多大名气和很高要求的比赛,也能有效地吸引创新,甚至会带来创新产品。在英国,由政府创办的"创新英国"

门户网站为公司和团体提供资金,帮助他们以解决具体问题为目标而进行产品开发和制作原型。譬如,该网站曾设立一笔奖金,"企业可申请一笔 108 万英镑的含税资金,开发用于检测和阻止铁路站台两端及侧面的误闯入行为的解决方案"。该网站已陆续吸引了数十家竞标者提交资金申请,参与解决交通运输、国防和医疗保健等政府机构提出的问题。

此外,创新竞赛对小规模、甚至是一般性创新也是奏效的。比如说,胶带还有什么新用途呢?ShurTech 公司是"大力胶"(Duck Tape)牌强力胶带(最初是指可用于固定绝缘层、修理管道和导管用的胶带的总称,类似于固定胶带里的"瑞士军刀")的所有者,这家公司算得上举办搞笑比赛的鼻祖,在这些比赛中,参加者经常给该公司的胶带找到匪夷所思的新用途。比如说,这家公司曾主办过一场所谓的"粘在舞会"——这是美国高中生毕业季的一项重要活动,学生们身穿胶带做成的"舞会"服装参加毕业舞会。ShurTech 为获奖者提供 1 万美元的大学奖学金。最早的胶带制造商 3M 也曾在 Instructables 网站上举办过类似活动,有些参赛者的作品令人瞠目结舌:比如说,用强力胶带粘合而成的皮划艇和草坪座椅,就是两个非常典型的例子。除了增加产品的消耗量之外,这种异想天开的竞赛可以达到四两拨千斤的目的——也就是说,只花费几千美元,就可以达到大规模推广产品用途的目的。

创新竞赛并不局限于产品开发;创新奖还有助于启发营销策

划，奖励最优秀的广告创意、最有感染力的视频、最有趣的广告或是最节省时间的创意等。参与者在这些竞赛中展现出的状态足以证明，每个人都有能力成为创新者和发明者。

设计思维与设计冲刺

长期以来，IDEO、Frog 和 Fjord 等全球顶级创意设计公司始终在打造产品满足用户需求方面走在前列。在组织内部独立开发创新的团队往往会忽略这个目标，实际上，这一目标与 20 世纪 90 年代提出的"设计思维"（design thinking）不谋而合。

对此，IDEO 设计公司是这样总结的，"设计思维就是一个以创造性思维解决问题的过程"，归根到底，它需要采取以人为本的策略。它提出的是一种系统和方法，在理解创新服务对象的基础上，集中精力进行针对性设计；从而找到更好的产品和服务，并有助于厘清和简化内部流程。此外，设计思维还被应用到软件开发中，这就是所谓的敏捷方法论（agile methodology），即，把团队工作的各主要环节分解为独立的元素，并从用户视角把它们描述为相应的"用户故事"（user story）。正如 IDEO 在其教育网站"IDEO U"上做出的解释："当你坐下来，为某种业务需求创建解决方案时，第一个想到的问题始终应该是隐藏在这个业务需求背后的人类需求是什么？"设计思维只需要最简单的工具——比如一块白板、一支笔和一张纸，即可创建一个兼容性流程，所有技术员工和非技术员工，都可以平等地参与进来。

应用设计思维最常见的方法就是设计冲刺（design sprint）。设计冲刺最初是谷歌在 2010 年发起的一种低成本设计开发计划，重点就是让设计团队站在目标顾客或购买者的角度上，在一周时间内设计出满足其需求的新产品，并完成测试。设计冲刺是一个低技术（只用纸和笔）和低风险的项目；客户的主要成本就是参与团队占用的时间。谷歌甚至在它的风险投资部 GV（以前的谷歌 Ventures）中设立了一个设计冲刺团队，协助被投资企业进行创意开发。

设计冲刺的运行可以用风驰电掣来形容。第 1 天，团队界定问题内涵，并完成路线图设计。第 2 天，由个别参与者设计出解决方案的初步方案。第 3 天，设计小组通过投票或讨论决定哪些草案最有潜力。第 4 天，团队（有时需要外部帮助）构建一个仿真原型——这个原型既可以非常简单，比如说，在记事本上绘制一系列模拟 iPhone 应用程序的图形；也可以非常复杂，比如类似 3D 打印生成的部件，甚至是成型的软件原型。第 5 天，团队与 5 个目标客户共同对原型进行测试，并征集目标客户的意见，了解拟用产品能否引起他们的共鸣。

很多知名科技公司和大品牌都在利用设计冲刺方法，比如爱彼迎、脸书、谷歌、麦肯锡、纽约时报、乐高、优步、多宝箱、Medium 和 Slack 等。

设计冲刺不仅有低风险和高效率的特点，还可以让创新团队彻底摆脱日常办公环境及常规事务，让他们有足够的能力和精力专攻难题，并以意想不到的方式对参与者提出的想法进行测试。设计冲刺的成果往往体现为视觉效果图，也就是说，参与者更有可能以绘图方式描述他们的想法。此外，设计冲刺对所有参与者一视同仁，在团队中，每个人都是平等的。因此，设计冲刺负责人的一项重要职责，就是确保所有参与者平等参与，共同努力，并对每个人的贡献给予同等程度的重视。

众筹

2017年11月，著名的德国音频电子产品制造商Bose做了一件让人匪夷所思的事情：它在最火爆的众筹网站Indiegogo上发起一项众筹活动，计划筹集到5万美元为新型耳罩式耳机的原型制作提供资金。这是一种可以塞入耳朵而且有助于使用者睡眠的新型耳机。

这项活动陆续收到2900多名志愿者的出资，并最终筹集到超过45万美元的捐款（这些资助相当于提前购买原型耳塞）。实际上，这项活动与其说是为了筹款，还不如说在于验证这款产品的创意不仅有需求基础，而且有真正的市场。此外，Bose的产品团队征集到大批有活力、有热情的志愿者加入到项目中，并为Bose提出大量有见地的反馈。从项目中收集到的数据和洞见，最终促成这款产品的升级版于2018年年底上市，而且至今依旧销售火爆。购买最初原型设备的人可免费升级到生产版本。

越来越多的组织开始利用众筹网站的规模效应,通过吸引大批受众降低测试产品概念的成本;同时,对社交销售、电子邮购以及其他非传统在线渠道所需要的营销信息进行测试。众筹营销有很多优势。与焦点组相比,这种方式的成本更低,测试力度更强,而且能为取得品牌认可创造更有效的营销机会。对传统公司而言,众筹模式的快节奏要求严格执行创新原则。例如,Bose 项目只用了一年时间,对于一款新型电子产品来说,这样的速度可以说是雷厉风行。

精益法

"精益创业"(lean startup)由企业家史蒂夫·布兰克(Steve Blank)和埃里克·莱斯(Eric Ries)推出,利用这种方法,创新企业可大大缩短开发周期,并迅速了解潜在商业模式是否可行。"精益创业"法的核心在于,创业公司应针对早期顾客需求以迭代方式开发新产品或新服务。这样,在功能未经验证或是未能证明产品发布可满足客户需求的情况下,不至于盲目投入大量时间和资金,从而最大限度地降低了市场风险。布兰克和莱斯提出了一系列简单方法,在无须为技术或焦点组花费大量资金的前提下,对产品创意进行测试,并快速有效地取得市场反馈。这些方法的目标,就是以最小的风险,尽快取得市场接受的产品和服务。

最初，布兰克和莱斯以这种观点帮助创业公司提高了成功概率。此后，这个原理被用于各类规模企业的内部创新流程——不仅包括新产品的开发，也适用于解决问题。从这个意义上说，精益创业与设计思维密切相关，但它需要采取更漫长的流程。

名义借用或真实借用

如果你从不打算借用竞争对手或其他人的想法，你就没有办法做好自己的事情。当然，我们并不是在提倡窃取他人的知识产权或商业机密，而是巧妙模仿和学习你的竞争对手，把他们最优秀的经验或成果运用到自己的产品和服务中。

硅谷之所以成功，是因为它善于分享观点并借鉴他人的工作。正如史蒂夫·乔布斯在1994年所说的那样："毕加索曾说过一句：'优秀者善于模仿，伟大者长于剽窃'，而且大家都知道，我们从不为窃取伟大者的思想为耻。"几乎苹果的每一款产品中都包含着其他人已经开发出的功能。在苹果的技术中，完全来自公司内部的少之又少。比如说，iPod最早是由英国发明家凯恩·克雷默（Kane Kramer）发明的；iTunes是在SoundJam MP的基础上形成的，而这项基础技术则是通过Casady&Greene得到的；iPhone经常会复制三星的移动技术，当然，三星也借鉴了苹果的很多技术。

即便是在马克·扎克伯格创建的脸书中,很多页面内容来自 MySpace 和 Friendster,而且他还在继续复制其他人的产品。可以说,脸书的"Places"是 Foursquare 的复制品;而 Messenger 视频则是在模仿 Skype;脸书的 Stories 基本上可以视为 SnapChat 的克隆版;脸书的 Live 同样是 Meerkat 和 Periscope 的最佳结合体。此外,脸书一直试图模仿 WhatsApp,但始终未能赢得市场的认可,于是,它干脆了花了一个大价钱买下这家公司。这是硅谷的另一个秘籍:如果偷窃不成,那就买下公司。

模仿和复制并不耻辱,止步不前才是可耻的。理性借鉴他人的创新成果并为它们找到更好的用途,和内部创新一样,都是值得称道的。因此,创新团队应该认识到,他们自己最好的想法,或许就是竞争对手或合作伙伴想法的升级版。

招聘打破常规者和梦想家

与上述策略同等重要的,就是吸引和激发创新者的创新思维。最优秀的创新者未必是最有效率的员工。作为皮克斯动画工作室开创性作品《超人总动员 2》的导演,布拉德·伯德(Brad Bird)是一个善于激发创新的人,在他的工作室,几乎所有人都知道,他希望能制作出在技术上近乎不可能的电影。而最大的挑战,就是如何在动画片中创作出长发飘逸的逼真感觉,按照当时的计算机图形技术,还无法在动画中让头发表现出栩栩如生的感觉。于是，伯德找到对工作安排不满意的员工（当然，他们可能对公司本身同样心存不满）。他在这些人中专门挑出一批人，组建了一个"异类"帮，他们的任务就是捣乱和挑刺，就是要打破规则，找出大问题，比如说，头发是否真实，是否在风中有飘逸的感觉，而且完全不管现有方法能否解决。找到问题，激发解决问题的渴望，往往是通往更好未来的必经之路，由此，皮克斯创造出一种全新的动画制作模式，当然，也创作出电影史上票房最高的动画电影系列。找到潜在的创新者，并为他们提供"换位思考"的机会和空间，与设计最有效的创新模型是同等重要的。有些人就是想创新，不愿意墨守成规。找到这些人，释放他们的激情和创造力，或许可以得到超乎意料的回报。

第 12 章
改造管理与公司文化：创新宣言

本章简介：本章提出了我们的创新宣言，并探讨组织领导人和管理者应如何调整思维方式，以实现公司或组织的变革。为激发对这个话题的讨论和思考，我们同样提出了一些对照清单，对组织或公司的创新文化进行分析。

亚马逊"金牌会员"（Prime）制的诞生

2004年，一位名叫查理·沃德（Charlie Ward）的亚马逊工程师突发奇想，给全公司的数字化员工建议箱发出一个建议。通过这个建议箱，公司邀请全体员工积极提出改善业务的建议。沃德的想法很简单，但极具挑战性：为支付年费的客户免费送货。显然，这将是对亚马逊一贯政策的根本背离，而且非常冒险，按既往政策，亚马逊只对超过25美元的订单免费送货。但沃德认为，这可能会诱使人们增加购物频率，从而给亚马逊带来更多的收入。

亚马逊首席执行官杰夫·贝佐斯经常浏览员工提出的改进建议，沃德的想法让他非常感兴趣。2004 年 11 月，在西雅图附近贝佐斯的家里，他召集了公司高管，并要求他们必须提出一套提案，以便于在 2005 年 1 月底的公司财报电话会议召开之前，落实这项新的配送政策。在 2015 年接受《西雅图时报》（*The Seattle Times*）采访时，当时出席会议的亚马逊高管格雷格·格莱利（Greg Greeley）表示："我们知道，我们正在开发某种新颖而且与众不同的东西。我们知道，这件事已经箭在弦上，没有后退的余地。"

于是，亚马逊的"金牌会员"项目（Prime）于 2005 年 2 月正式落地。物流专家曾怀疑，亚马逊能否承受得起运费。但"金牌会员"政策在短短几个月内便吸引了成千上万的客户，心甘情愿地为亚马逊支付 79 美元的年费。2018 年春季，亚马逊的"金牌会员"人数超过 1 亿，仅为取得"金牌会员"资格支付的年费总额（现在标准已增加到 99 美元），为公司带来的年收入就高达 100 亿美元。

正如沃德所设想的那样，"金牌会员"也已成为一种难以置信的"黏性"营销方式，它让购物者把亚马逊作为他们的默认购买选项。目前，贝佐斯正准备把针对"金牌会员"的配送时间从两天缩短到当日送到。在 2019 年夏季的公司盈利情况电话发布议上，贝佐斯说，"客户很欢迎将'金牌会员的配送时间从两天降为一天——仅仅是在今年,他们就已经订购了数十亿件当日免费送货的商品。这是一笔巨大的投资,但对于顾客来说,这绝对是一笔正确的长期决策。"

自引入"金牌会员"以来,亚马逊就一直以此为基础,在若干关键领域对供应链物流和仓库系统实施改进和调整,从而精确定位相关商品在亚马逊仓库中的位置,并计算出将商品交付给"金牌会员"的最佳运输路径,从而最大程度利用由多家第三方及自家物流构成的点对点交付网络。当然,在这个网络中,亚马逊自配送的比重已经越来越高。目前,亚马逊正在打造成熟的全方位物流业务体系,它已经拥有数十架货运飞机和数千辆卡车。在不久的将来,这项业务极有可能成为又一个直接对外出售服务的业务部门。这完全符合贝佐斯的理念——将所有内部服务类的业务转化为获取外部客户的业务。

"金牌会员"带来的启发:把创新的权限赋予员工

无论如何,"金牌会员"总会以这样或那样的形式出现,但它的横空出世,足以说明基本管理实践给创新带来的指数型影响。要改变传统公司的标准发展轨迹,让公司敢于憧憬更美好的商业模式,并致力于向这个方面努力和前进,CEO和领导者就必须允许员工自由创新。考虑到每个人都有可能带来数十亿美元的收入,把创新权限交给他们,绝对是值得的。

其实，这也是日本制造企业长期以来采用的方法，可以说，日本企业缔造了这个星球上最具抗衰退性、运行最稳定，也是最富有创造力的制造业务（汽车制造商丰田就是它们当中的典范）。在日本制造业中，无论是初级工人，还是高级副总裁，每个人针对工艺或产品改进提出的建议，都会得到管理层的认真考虑。

这种开放性也是丰田企业创造弹性业务的核心所在。但令人好奇的是，在某些最顶级的高科技企业，这种开放性还给它们带来了最赚钱的业务线。比如我们在前面提到的3M。谷歌的Gmail团队最早提出"允许以20%的工作时间用于创新项目"的政策，通过这种方式，谷歌就是在明确告诉自己的员工，他们可以把20%的工作用于从事自己选择的任何项目。今天，Gmail已成为一项拥有数十亿美元收入的业务。

小创新可以带来大财富

成功的创新和创意的出发点不需要看起来有多么宏大。这就是培育创新和创意文化的美学所在。比如说，英国航空公司也使用了数字建议箱，用来收集员工提出的建议，正是通过这种方法，它收到了一个非常简单的想法，这个想法每年为公司带来近100万美元的成本节约：对飞机上的抽水马桶进行管道除垢（主动清理）。这有助于减轻飞机重量，进而减少燃油成本。管道除垢只是这项措施收集到的200个创意之一。尽管并非所有建议都会得到实施,但除垢及其他部分建议的采纳,的确为航空公司每年减少了 2000 万美元的成本。

设立数字建议箱只是这项措施重要的第一步。更重要的是,高层管理者必须认真阅读并认可这些建议,并对提出建议的人做出赞赏和感谢。同样重要的是,一定要在员工中称赞和宣传这些建议和方案,让员工感受到自己的贡献得到了应有的关注和尊重。

对今天亚马逊这样拥有数十万员工的大公司来说,这听起来似乎不切实际。但重要的在于,不管规模有多大,始终在全公司范围倾听员工的声音,这是一种态度,也是一种文化。必须把倾听变成一种习惯性的思维方式,一种可持续的实践,而不只是体现为年度创新竞赛或创意节上的闪光一瞬。只要始终坚持这种再简单不过的心态,变化就有可能带来变革,就有可能激发出更有野心的冒险精神,并最终形成一种企业文化——为员工提供创新的权限、空间和激励。

创新宣言和变革思维

有了这样的思维,我们就可以制定创新宣言,创建有助于培育创新的企业文化。

伟大的思想无处不在,因此,我们不妨假设所有人都是创新者,就可以提供好主意。很多人都听说过 3M "即时贴"的来历,这款生命力超强的成功产品来自公司的化学家斯宾塞·西尔沃

（Spencer Silver）。但3M创新计划的整体效果可能还鲜为人知，3M已合计拥有22800项发明专利。在这些专利中，很多想法都是公司在实施该计划过程中产生的。对于3M的长期成功，这个超级兼容性创新项目的作用绝非可有可无。正如3M的技术总监科特·贝林奇（Kurt Beinlich）在《快公司》（Fast Company）杂志采访时所言："它塑造了3M的企业形象和角色。"3M于1902年创建于明尼苏达州，当时，它只是一家地方性的采矿和制造企业。如今，它已成为全球领先的超级工业制造公司之一，并拥有了数以万计的产品。通过始终如一的思变理念，它不断尝试新产品和新想法，并把它们推向新的市场，从而始终在满足市场需求和创新性方面走在前列。

但现实远比这更深刻。越来越多的研究表明，个人发明者对经济增长和新产品开发做出了巨大贡献。根据麻省理工学院创新学者埃里克·冯·希贝尔（Eric von Hippel）的研发，"迄今为止，仅在6个被调查国家中，数千万人每年合计拿出价值数百亿美元的时间和材料开发家庭自用产品。"埃里克·冯·希贝尔等人的调查显示，超过5%的美国人在从事某种形式的发明或创新。

埃里克·冯·希贝尔相信，尽管约瑟夫·熊彼特的创新论点已被广为接受——即，科学家和研究人员是创新的主要来源，但家庭发明者和日常创新者对经济发展的贡献远超过以往的认识。考虑到只有在发明创新带来实际产品或服务收入的情况下，才能对这项发明的价值予以计量，因此，经济学家很难对普通个人的创新经济活

第 12 章 改造管理与公司文化：创新宣言

动进行估值。这些来自家庭的创新正在越来越多地渗透到商业领域，并转化为一个又一个全新的产品类别及相关产业。

埃里克·冯·希贝尔提到的例子是山地自行车行业。最初，一群骑行者开始对自行车的性能进行测试：他们骑着装有宽轮胎的"沙滩巡洋舰"，在加利福尼亚州马林郡的山坡上骑行。在山地骑行时，需要自行车具有更强劲的制动器、高强度的自行车框架，并在轮叉和坐垫上安装减震器。多年以来，自行车制造商一直拒绝承认这项新生的运动形式，甚至对此抱怨不已，并称这根本就不是自行车应有的使用方式，但山地自行车的创始者显然不接受这样的说辞。

随后，成千上万的人开始独立组装和配备山地自行车，而且是在地下产业已呈现出井喷态势之后，主要的自行车制造商才决定加入这个行列。如今，美国的山地自行车骑行者人数已达到数千万，整个行业的年销售额也高达数十亿美元，但对于一些顽固不化、爱好刺激冒险的家庭发明家来说，他们绝不会吝惜这点钱。

因此，企业创新的未来或许就是利用这些家庭发明者的日常创意。创意源泉不会仅仅因为是在为他人发明而枯竭。对于有创造力、喜欢尝试新鲜事物的人来说，解决问题就是他们天性的一部分。因此，要让传统公司能像创业公司那样去创新并取得成功，它们就需要像谷歌、丰田、3M 或英国航空公司那样去对待员工：把他们当作创意的源头。它们必须认识到，创新是一种思维方式，与年龄、肤色、性别或背景无关。按照这样的逻辑路径，要实现指数型创新和根本性转型，公司就必须学会推动和激励员工去思考，去创新。在丰田，这已经形成例行的团队会议。在3M，公司把这种思维方式转化为创意博览会。在亚马逊，这也是公司坚持数字建议箱的一贯原则。而在谷歌，这个原则体现为及时发现产品创意并招募小规模团队快速生成原型的能力。当然，未来怎样强调把每个人都当作创新源泉的重要性都不为过，这也是建立行之有效的创新文化的基石，也是这种文化不可或缺的构成要素。对任何规模的组织来说，以人为本的创新原则都是必不可少的，但对拥有严格、僵化的层次组织与沟通结构的传统大型企业而言，这一点尤为重要。

参照标准：让所有人成为创新者

- 你的公司如何为每个员工提供平等的创新机会？
- 你的公司是否有正式的创新计划，并为员工提供自行寻求实现他们想法的机会？
- 你的公司是否会在一年拿出一段时间，让员工去尝试实现自己提出的新想法？
- 你的公司是否设有一个广为人知的数字建议箱或内部社交媒体类型的论坛？
- 高级管理层是否会认真阅读员工提出的建议？

- 你是否在公司用实例展示正规产品、设计和工程团队开发的产品、功能或服务？
- 你的公司是否针对优秀创意或成功的创新项目设置正式的表彰激励计划？

激励、促进与协作：当教练，不要当老板

以僵化的组织结构维系企业生存的时代早已一去不复返了。对员工而言，他们当然不喜欢组织内的等级制度，而且大多数 CEO 也如此。明智的 CEO 都会知道，依赖强制执行维系的层次结构，必然让管理脱离公司或组织的现实状况，并最终给他们带来危害或危险，而且他们更清楚，自上而下的指令式管理早已过气，他们需要为员工提供更有效的帮助、支持和协作。

辅导和激励

我们把这些能力概括为一句话："当教练，不要当老板"。老板依靠的是规则和权力。而教练的工作方式则是提问和倾听，他要求员工提出自己的答案，并为他们提供指导，让他们寻找解决问题的思路和办法，而不是告诉他们该怎么做。但使用这种方法的人，甚至是实施这种方法的能力依旧有限。在一项研究中，学

者朱莉娅·米尔纳（Julia Milner）和领导力专家特伦顿·米尔纳（Trenton Milner）对管理者的管理风格和教练风格进行了测试，他们发现，在最初要求他们为员工提供指导时，很多管理者会采取顾问式的姿态。从根本上说，他们只是在提出建议或解决方案。因此，我们经常会听到诸如"首先要这样做"或是"为什么不这样做"之类的说法。

尽管这只是一项涉及范围相对有限的研究，但从中发现的问题足够深刻，在很多传统企业，管理层的表现确实令人遗憾：这并不是例外，而是常态。以往，在员工不习惯于流动而且不会轻易辞职的情况下，这或许不会带来太大的影响。但是，工人对企业的忠诚度已远不如前，而且企业寻找熟练工人的难度也远超过熟练工人的求职难度，因此，这种条条框框式的模式注定是行不通的。

居高临下地告诉知识型工人（甚至是制造业和服务业的普通员工）该怎么做，很容易会导致他们丧失工作乐趣，引发他们的不满。诚然，培训是必要的，继续教育同样至关重要。但指令和指导在信息传递的方式和效果上有着天壤之别。

促进与推动

促进与激励并驾齐驱：对富于敬业精神而且认为拥有充分支持的员工而言，要激励他们自然容易得多。实际上，所有员工都渴望学习。2018 年，脸书的人才管理团队对随后 6 个月内继续在岗员工的数据与离职员工的数据进行了对比。他们发现，选择留下的人"觉得其工作的有趣程度提高了31%，发挥自身优势的频率提高了33%，在取得职业进步所需要的技能和经验方面，他们的自信心也提高了37%。"

合作和支持

合作是推动员工的第三个支柱。传统公司通常按部门或职能进行人员划分。这只会僵化创新欲望和能力。创造一种提倡合作与帮助的公司氛围，能激发员工在有趣的工作上并肩协作，进而触发机缘、灵感和好的创意。在这样的环境中，我们的思维更敏捷，更有创造力，并通过合作更有效地解决问题。皮克斯动画工作室之所以能取得空前成功，就在于它打通了实现完全开放式协作的通道。对此，时任首席执行官艾德·卡姆尔（Ed Catmull）是这样描述的：

为解决问题，任何部门的成员都应该随时联系到其他部门的任何人，而不必非要通过所谓"适当"的渠道。这也意味着，管理者必须认识到，他们未必总能第一个意识到发生在身边的事情，因此，他们最好去了解其他人的想法，看看别人在做什么，在想什么，或许就会有惊人的发现。考虑到电影制作的复杂性，严格控制流程的冲动是可以理解的，但是从理论上说，并非所有问题都是可以预见的。因此，面对难以预料、不计其数的问题，最有效的方法就是让大家相互合作，去直接解决难题，而无须征得许可。

此外，与来自单一文化的观点相比，多元化视角有助于通过协作带来更有创造性和经济价值的观点。

需要提醒的是，协作并只对应于传统的"头脑风暴"模式：让所有人集中到一个房间，让他们提出各自的想法，而且不允许质疑或批评其他人提出的想法。研究人员早在50年前就已经发现，这种创新模式带来的好想法还不如让一个人独自思考。让每个人先独立地进行头脑风暴式思考，然后，大家再集中到一起，对每个想法进行讨论和评价，这样头脑风暴的效果会更好。这种方式有利于避免让会议室中最有话语权的人左右其他人的思维。推进和鼓励头脑风暴，也是谷歌"创新思维"项目的一个部分，事实证明，以小组方式进行的头脑风暴更有效。利用视觉元素（以绘图方式对想法做出描述）是另一种改善集体讨论有效性的方法，并进而强化了合作的效果。

参照标准：激励、促进与协作

- 你的公司是否接受新的协作技术，比如说设计思维？
- 你的公司如何为员工提供沟通技巧方面的培训？
- 你的公司是否为确保会议有效和公平而制定会议议程？
- 公司是否制定了某种协作流程？
- 公司需要通过哪些培训帮助管理者更好地激励员工？

- 公司是否定期开展调查，了解员工的工作动力以及对工作的看法？
- 员工在与高级管理人员接触和交谈时是否感到舒服？
- 高层管理者是否经常与员工进行沟通交流？
- 公司能否指出通过合作带来的具体创新项目？
- 公司员工参与跨职能团队的时间有多少？
- 员工在午餐及其他社交场合是否会因部门或职能而被区隔开？
- 办公环境是否有助于推进协作？

授权与试验

如果没有某种的自我控制和自我决策意识，任何人都无法创新。最有创造力的想法永远不能来自无权控制自己工作的人。因此，在寻求创新时，聪明的企业必须学会放权，让员工和管理者独立提出创意，并以更快的速度和更高的效率去验证这个创意。这可能意味着，他们无须执行常规流程，而是直接对概念进行测试，或是按简化流程聘请他们需要的录像师或程序员：这样，他们就可以遵循自己的意愿，按自己的方式来寻找问题的解决方案，测试他们的产品。当创造性员工及管理者能自主决定创新路线时，反过来，公司就可以要求他们尽快开展试验并采取行动。

在这个过程中，公司必须确保创新者不会因失败而畏惧甚至退缩，因此，公司有必要澄清，失败并不代表他们犯了错，只是他们尝试的次数还不够。为建立一种不畏失败、鼓励成功的探索文化，公司可以聘请创业家担任内部创业负责人。不妨和他们签订一年的合同，请他们以自己的产品为模板，向你的团队介绍外部创新机构是如何完成产品的，帮助你的团队以相同方式在内部完成创新任务。再教育和试验过程可能需要很长时间，但文化变革显然不是一蹴而就的，要让员工了解并熟练掌握企业家精神和创新能力，可能需要投入数年时间。因此，对一家公司而言，重中之重就是领导者对创新给予坚定不移、公开明确的支持和投入。

> **参照标准：授权与试验**
>
> - 你的公司如何赋予员工和管理者以独立创新的权力？
> - 你的公司是否为员工寻求新想法并进行独立探索提供空间或时间？
> - 你的公司为鼓励员工进行创意构想并提出新的解决方案而采取了哪些激励措施？
> - 你的公司如何表明，不管结果如何，试验都是可以接受的？

- 公司为创新项目的成功制定了哪些明确标准?
- 公司是否能针对组织内部的试验提供真实示例?
- 当创新项目失败时,团队会发生什么?
- 高层管理者如何参与创意的试验探索过程?
- 试验团队是否可以利用内部及外部专业力量去解决特定领域的问题?

第13章
如何认识和利用传统企业的固有优势

本章简介：在本章，我们将介绍传统公司应如何认识自己的优势，并充分发挥和利用这些优势推动创新和增长。传统企业的固有优势通常体现于规模、配送、数据和专业知识；取得这些优势需要投入高额成本，而且创业企业很难复制这些优势。

某些传统企业和年迈的组织之所以依旧拥有强大的创新能力，部分原因就在于它们善于利用固有优势。对此，我们将通过一些具体示例，阐述创新性公司是如何做到这一点的，并针对如何在自己的组织中发挥这种优势，提供一些洞见和指南。

进军塞恩斯伯里百货的"Salmon Crisps"和"Off the Eaten Path"

2019年11月，达能（Danone）正式停产早餐碗产品Ayem，这是一种含杏仁和健康三文鱼鱼油的燕麦早餐。这款产品一直是达能进军快速增长性功能食品市场的主打产品。它也是达能孵化器带来的第一款产品。达能孵化器是达能的一个内部创新机构，负责生产有助于强化品牌认知度的真实产品，以满足不断增长的消费者需求。这款产品的开发者是一个由科研人员、营销人员和品牌专家组成的小型团队，与这家食品巨头常规性的新品开发过程相比，Ayem 花费的时间非常短，体现出非常高的效率。但一年之后，Ayem 便失去了市场吸引力，为及时止损，达能决定停产这款产品。

但达能并未因此而沉沦，它的孵化器陆续开发了几款由内部孵化的食品品牌，其中包括一款防过敏零食产品，这是一款可按父母要求定制的零食，旨在防止孩子摄入有害过敏源。另一个由达能内部孵化的新产品名为"Pati&Coco"，这是一款外形精致、采用玻璃罐装的巧克力酱甜品。通过新的分销及新产品合作关系，在上市之后，Pati&Coco 便成为英国第二大百货、塞恩斯伯里百货商店货架上的畅销品。

说到这里，就不能不提塞恩斯伯里内部的"未来品牌"（Future Brands）创新团队。该团队创建于 2018 年 4 月，负责为公司的日杂、饮料、化妆品和礼品等各品类寻找、筛选和培育新产品。为得到进入塞恩斯伯里商场的资格，"未来品牌"团队须对新产品取得一定时期的独家配送权。2019 年夏季，"未来品牌"团队推出"未来口味"项目，允许消费者尝试 30 种在英国超市首次亮相的产品，其中包括"Bootleg Booch"酒精类康普茶以及新开发的"Sea Chips"鲑鱼皮薯片。凭借 2700 万客户，塞恩斯伯里已成为各种食品和饮料品牌在欧洲（更不用说英国）最主要的试销商场。

对这种测试性销售，塞恩斯伯里追求的收益就是提高购物者尝试新品牌和新产品的意愿，而这种愿望与消费品牌密切相关。"未来品牌"团队是一系列内部创新原则的体现——从采购和营销，到品牌和策略。它所倡导的多样性，意在帮助这些小品牌顺利进入塞恩斯伯里的销售系统，并克服内部障碍。此外，团队还聘请了几位擅长小品牌营销的外部专家。在接受《营销周刊》（*Marketing Week*）采访时，团队负责人莱切尔·艾尔（Rachel Eyre）指出："我们的目的就是让企业更大胆，适当冒险，进入我们认为可能火爆的领域。"在为商场选择新产品时，"未来品牌"团队使用塞恩斯伯里"Nectar"忠诚度项目的数据，制订相应的营销及增长计划，从而为提高新产品市场认知度而创建在线营销、游击营销和店内促销活动。

观众越多，可掌握的数据就越多，尝试新事物的方法也越丰富

基本观点很简单：看看购物者会购买哪些商品，利用新品牌试运行产生的数据，确定哪些商品是有需求的，哪些没有需求。

此外，还可以登录 Sainsburys.co.uk 对新产品进行在线查询。"未来品牌"的活动不设定结束日期，这就相当于承认，不同品牌可能需要不同时间才能达到临界销售量。根据 Nectar 项目的数据，可为各品牌的销售业绩提供详细信息，从而对下一步决策提供依据。

此外，"未来品牌"团队的另一个重要责任就是为整个公司发现市场趋势，他们经常与其他大型食品公司合作，把有前途的品牌引入英国。例如，"未来品牌"团队曾与百事可乐的子公司 Rare Fare Foods 合作，将素食休闲食品品牌"Off the Eaten Path"引入英国超市。该团队还与公司采购部门紧密合作，分享产品信息及趋势信息，并积极寻求风险投资公司和创新加速器的建议，了解投资者对产品的信赖度。

在促进销售方面，塞恩斯伯里的"未来品牌"团队拥有传统企业固有的多种优势，可以促进销售增长。比如说，由于功能食品和饮料的销售额预期年增长率为 8%，远超过传统食品的增长率，因此，"未来品牌"团队利用现有配送销网络、营销专长和销售数据为客户提供支持，并最终达到帮助自己的目标。比如，一家初创公司以配送南瓜油炒制的羽衣甘蓝片为主业，如果按常规方式，产品在进入大型超市前不仅需要经历漫长的时间，还要投入不菲的费用。首先，这家公司需要说服本地的小型百货店采购他们的商品。在证明了产品的市场价值后，这家公司还要通过区域分销商确保分销配送。为吸引市场关注，这家公司还要参加针对百货商场采购机构的大型展览活动。在拿到大额订单之后，便进入产品生产和印刷包装阶段，此时，需要投入高利率信贷资金。对"未来品牌"团队而言，塞恩斯伯里不仅可以为顾客提供分销和店面展示，还可以为初创品牌在食品生产环节取得更大的发言权，因为承包工厂更有把握相信，产品销售不会马上下降。总而言之，"未来品牌"可以为塞恩斯伯里及其合作伙伴减少时间和资金的投入，缓解他们的压力。

这是传统企业利用固有优势推动和加速创新的一个典型示例。初创企业显然无法获取数百万客户的数据，难以使用现有营销渠道或是迅速锁定可靠的海外产品来源。基于类似原因，它们也无法轻易取得现有用户或顾客的反馈。此外，它们还要为产品争取分销渠道，毕竟，它们没有传统企业那样的分销网络和渠道。

传统企业的诸多优势

如前所述，传统企业的共性优势体现于规模、渠道、数据和专业知识：初创企业既不能承受直接收购这些优势的成本，又难以自行复制。聪明的老牌企业已经认识到，应如何利用这些优势构建更新的平台或市场。

塞恩斯伯里的实践表明，它现有的分销网络和专业知识不仅对外部合作伙伴是无价之宝；内部产品开发同样可以利用这些优势。今天，企业开始与对手的品牌及初创企业的产品开展合作，并从这种合作中学到更多的东西，从而"撬动"内部的新产品开发活动。

例如，作为全球最大的酒类制造商，百威英博早在几十年前就已经认识到，美国本土的小品牌精酿啤酒增长速度更快，而且销售价格也远远高于百威这样的国际啤酒品牌。

因此，百威英博开始大举收购这些美国本土精酿啤酒厂的股份，部分原因是了解它们的营销方式及其酿造方式。反过来，百威英博把这些精酿啤酒安排到自己的全国性分销渠道，从而为这些小品牌提供无与伦比的入市通道。此外，它还可以为这些小品牌提供生产能力，并由它们的大型工厂生产这些精酿啤酒。如果合作确实能带来良好的收益，百威英博就会买断这些精酿啤酒品牌。百威英博在精酿啤酒市场上始终非常活跃，也成功推出很多款模仿其他精酿啤酒的品牌，但新产品完全由自己开发，比如Shocktop是一款比利时风味的啤酒，它的口感已经很难和其他精酿啤酒品牌区分开来。

其他大牌啤酒也开始效仿百威英博的策略。荷兰啤酒巨头喜力啤酒于2017年收购拉古尼塔斯啤酒公司（Lagunitas）的剩余全部股份,拉古尼塔斯啤酒同样是一款非常受欢迎的老牌啤酒,并在美国市场占有很大的市场份额,2014年曾是全美第五大精酿啤酒厂;喜力公司在两个阶段的收购中合计支付了超过10亿美元。同样,米勒康胜公司(MillerCoors)在对外收购精酿啤酒品牌的同时,也在推出自己的新款产品。

资本支出可能是为了新武器,而非示弱

啤酒企业的经历,揭示出传统企业面对新商业模式、风险资本和创业公司时应采取的策略——凭借自身的资金优势,填补它们在资本支出方面的劣势,并最终把对手的优势转为己有。[一]大多数风险资本不愿投资资金需求巨大的企业,因为大规模投资意味着高风险和低收益率。

和啤酒市场一样,在大型汽车企业中,我们同样可以看到,通过与创业公司的巧妙合作推销其创新产品。比如,通用汽车收购了著名的自动驾驶汽车技术制造商克鲁斯自动化公司(Cruise Automation),这次收购令通用汽车获取了技术,同时,克鲁斯团队也表示,他们更愿意入驻一家大型传统企业,进行公司内部创新,而不是对外筹集资金开展独立开发。在被收购之后,克鲁斯

[一] 资金压力一直是特斯拉面临的难题,也是特斯拉不断筹集资金的主要原因。

仍维持一定的独立性，与通用汽车的合作几近完美地显示出，该初创企业的创造力并没有被收购而受到遏制。

传统品牌的六大资源优势

传统品牌在如下方面拥有无与伦比的资源优势：

1. 获取资金
2. 获取生产和基础设施
3. 获取专业知识
4. 获取产品分销渠道
5. 获取数据（用于人工智能和机器学习）
6. 传统品牌的市场影响力

在这六种资源中，任何一种都可以用来加速自我创新。如果合为一体，它们或将带来令人生畏的创新，并推进和加速传统公司的创新能力——不仅可以进行内部创新，还可以迅速提升被其收购企业的生产、营销和销售。

以百威英博为例，对外收购的精酿啤酒制造商和新开发的内部品牌均能充分利用它们现有的资源优势：生产、分销、营销资源、技术和资金。它们唯一无法使用的优势就是品牌：在精酿啤酒市场上，大型企业啤酒制造商绝对不是好人。

不妨设想一下：要在大型商场或和酒吧站稳脚跟，往往需要一家新啤酒厂花费几年的时间。在百威英博收购科纳酒业（Kona Brewing）的长板岛啤酒（Longboard Island Lager）生产和分销链之后，这家总部位于夏威夷的啤酒企业便把市场从旧金山拓展到纽约市，而且无须雇用新的司机或购买昂贵的啤酒生产设备。长板岛啤酒的销售价格是百威老款滞销啤酒的两倍甚至三倍，因此，它们为百威英博带来了最急需的增长。

如果考虑到百威英博已把人工智能技术用于整个生产业务链，由此得到的全部顾客销售数据和酒吧消费数据，可以让我们了解这家传统大公司的巨大潜力。借助这种智能，百威英博可以找到不同产品和单家店面历史上的季节性趋势，并据此调整分销策略，从而让每一种产品和每一家店面的作用发挥到极致；或是找到产品偏好的趋势，并利用这些洞见为收购战略或产品开发提供依据。

在创新呈指数型增长的时代，这些资源优势可能会得到进一步放大。就像"未来品牌"创新团队所做的那样，获得数据和机器学习功能可以为传统企业带来巨大的优势。如果将传统企业的营销覆盖面与数字技术（如谷歌的 AdWords 和脸书的广告）的营销专长结合起来，传统企业的优势将得到进一步的放大。

毋庸置疑，获取这些资源的竞争会非常激烈。在任何组织中，高质量的专业技能和专业人员都会得到重视，与专家共处的时间就是一种宝贵资源。背靠传统企业，在进行创意研发或对新的内部品牌进行营销活动时，都需要相对较少的营销资源。由此可见，创新需要企业高层给予公开、明确的资金支持，让他们得以利用企业现有的资源。在现实中，公司可通过各种方式实现这个目标。

可口可乐在这方面可谓伤痕累累（如"New Coke"），现在，它允许内部创新者有失败的权利，并以"庆祝失败奖"的形式体现公司管理层对创新行为的支持和鼓励。这也是公司年度"全球创新者大奖"众多奖项中的一个重大项目。2017年的获奖者是可口可乐中东及北非地区气泡饮料业务负责人阿里·阿克巴（Ali Akbar），他在巴基斯坦推出了一款名为"Sprite 3G"的能量饮料，并一举击败公司的传统主导产品。

参照标准：传统的超级霸主

- 你所在组织的创新项目是否可以利用现有的内部专长？
- 你的组织是否有专门的创新或探索计划，确保组织拥有开展创新活动所需要的资源储备？
- 组织品牌对创新项目的影响是积极的还是消极的？
- 创新项目团队包括哪些成员？
- 你的组织如何公开展示对创新的明确支持（当然不只是标语口号之类的面子过程！）？
- 创新项目负责人失败后的境遇如何？他们是否还会积极尝试其他创新项目？

- 创新项目是否可以充分利用大公司或组织拥有的现有数据和情报？
- 创新项目享受哪些类型的创新营销策略？

只有能为创新者所使用，而且公司最高层愿意拿出时间和资源来支持创新，这种仅为传统公司拥有的资源才能成为真正的优势。你的组织在使用传统资源方面，是否能做到人尽其才、物尽其用呢？

第 14 章
从恐龙到老鹰：四个案例研究

> **本章简介**：本章主要探讨四个针对创新公司的案例研究：罗技集团（Logitech，世界最大的计算机外围设备制造商）、微软（世界最大的软件公司）、新世代能源（NextEra Energy，世界最大的太阳和风能可再生能源发电机制造商）和沃尔玛。其中，沃尔玛至今仍在面对来自 Amazon.com 等电商巨头的威胁。

案例研究 1
罗技如何摆脱长期颓势并走向繁荣：焦点设计

在罗技集团 CEO 布拉肯·达雷尔（Bracken Darrell）的开放式办公室的墙壁上，始终挂着传奇设计大师迪特·拉姆斯（Dieter Rams）的标语——"好设计的十大原则"的副本。这位德国工业设计师就是当今很多顶级产品设计师都顶礼膜拜的大师，其中就包括苹果公司的乔尼·艾夫（Jony Ives）。达雷尔同样深信设计的力量。正是凭借这种信念，让他在过去 7 年中带领公司完成了惊人的业绩转变。

2012年,达雷尔进入罗技集团,接任公司总裁一职。当时的罗技以生产中性色调的廉价电脑鼠标和毫无特色的标准键盘而闻名。公司推出的产品普遍价格低廉,而且在推出新产品时不会进行大规模的市场测试。说得委婉一点,这些产品毫无灵感;说得直白一点,它们丑陋无比。

在苹果及其宝洁旗下博朗剃须刀业务担任负责人的这些经历,给达雷尔带来了很多启发,他决定把罗技重塑为一家"设计公司"。对这家生产黑色鼠标和键盘的传统制造商来说,这似乎是一个高不可攀的目标。但达雷尔很清楚,他需要的合作伙伴是一个设计师型的领导,帮助企业创建卓越非凡的设计文化,在此基础上,把罗技集团无可挑剔的产品工程和制造工艺与令人炫目的设计风格融为一体。达雷尔认为,这样的结合必将让公司扭转局面,给顾客、投资者和员工带来更多的乐趣和激励。

另一种选择给公司带来了黑暗的未来。在达雷尔加入之前,罗技集团的销售情况一直停滞不前。普通PC的外设市场基本没有增长,智能手机和笔记本电脑用户又不需要它的产品。

设计的原则与目的

为推动这种转型,达雷尔针对他的愿景进行了相应的资源配置。在公司2亿美元的年度研发预算中,他把2/3原来用于鼠标和键盘开发的资金转移给高速增长的业务。与此同时,他还请来了曾经的诺基亚首席设计师、蜚声全球的顶级设计大师阿拉斯塔尔·柯蒂斯（Alastair Curtis）。此时，罗技设计团队拥有100多名设计师，网罗了来自耐克、IDEO和其他顶级公司的设计人才。

为了给转型提供灵感，达雷尔和柯蒂斯共同制定了与德国工业设计大师迪特·拉姆斯的理念相呼应的设计原则。罗技的设计原则简洁而优雅：

- 理念强大：目标明确，关乎消费者福祉
- 特色鲜明：个性鲜明的产品和体验
- 使用便捷：持之以恒地追求无摩擦体验
- 工艺高超：简洁、完美、高度精练
- 效果神奇：生动而富于表现力的互动

按照他们的初衷，新产品不只是为了填补某个细分市场的空白，而是要以这种产品满足一种需求，通过营造舒适惬意的无缝用户体验，引起顾客爆发情感共鸣。让每一款新产品的背后，都有一个最重要的基本指导思想。正是通过这种强大的创新原则，促使设计师、营销人员以及罗技集团的所有员工都能主动审视自己的工作，看看自己正在进行的设计或是准备开展的营销活动是否符合产品的基本原则。

以罗技的Circle家用安全流媒体摄像头系统为例，该品牌体现出的不仅能是产品的视觉外观——设备本身是圆形的，还提供了一种与圆满和完整相关的语言和体验——它的全方位、全角度摄像功能，覆盖了我们的家庭、房屋、我们爱的人、我们关心或是希望看到的地方。罗技的 Spotlight 演讲翻页笔系统的设计宗旨，就是让观众更好地关注演讲者。即使在罗技以往的产品中，设计团队也开始为它们增加一两项重要功能，以改善用户的感受和体验。比如说，对键盘产品，罗技增加了拨盘，这样，使用者可以直接在键盘上浏览菜单，而不是使用精度有限的鼠标滚轮。

创新往往被认为是数学家和科学家的专利，而最受关注的创新领域则是工程。史蒂夫·乔布斯带给高科技行业最重要的一课，就是外形的重要性。他说："设计是一种人为创造物最基本的灵魂，并最终经由产品或服务一层层的外表来展现自己。"达雷尔的经历也恰恰验证了这一点：工程无疑非常重要，但是让技术产品取得最后成功的，则是设计。

到底拥有怎样背景的人才能实现指数型创新，在这个问题上，达雷尔再次用他的神话打破传统观念：他们未必一定是极客或是书呆子。史蒂夫·乔布斯对此深有同感。在 2011 年 3 月的发布会上，乔布斯说："苹果的 DNA 就是，仅有技术是不够的。只有技术与综合学科联姻，与人文科学联姻，才能创造出能让我们心灵为之共鸣的产品。没有什么比这些后 PC 时代的设备更能体现这一点。"达雷尔本人曾在阿肯色州的一所小型文科学院主修英语，而后在哈佛商学院取得 MBA 学位。

很多创业者都有过文科的知识背景：YouTube 的首席执行官苏珊·沃西基（Susan Wojcicki）主修的是历史学和文学；Slack

创始人斯图尔特·巴特菲尔德（Stewart Butterfield）的专业是英语语言学；Airbnb 的创始人布莱恩·切斯基（Brian Chesky）的老本行是美术创作；阿里巴巴首席执行官马云曾经是一位英语教师。在融合指数型先进技术的新时代，创建最具颠覆性的解决方案往往需要生物学、教育学、健康科学以及人类行为学等跨学科背景。面对当今最严峻的社会挑战和技术挑战，首先需要能以批判性思考认识他们的人文环境，而人文学科毕业生恰好接受过这方面的训练。

多样性和精炼性

前面提到过一些数字原生品牌，如剃刀俱乐部，就是我们可以借鉴的最佳案例。它找到了向顾客直接销售商品的方法，规避了为进入大型商场而争夺分销渠道和货架空间需要采取的种种操作。它玩了一场亚马逊似的营销游戏，似乎它天生就属于这个圈子——不仅不会受到传统品牌的打压，而且活得自由自在。这些数字原生品牌往往会掀起一波市场风潮，最初产生共鸣的是"千禧一代"和"失落一代"，然后又延伸到其他年龄段的人群。此外，剃刀俱乐部还喜欢更频繁刷新产品，不断调整改变营销方式。

在达雷尔的领导下，罗技集团加快推进了多品牌战略，更好地利用现有资产，并适时收购新的资产。罗技的"Ultimate Ears"是市场上最火爆的蓝牙扬声器品牌，屡次赢得音响评论和技术类杂志评选的奖项。公司在 2016 年又进行了另一项重要措施，收购蓝牙耳机制造商 Jaybird，这是由澳大利亚企业家贾德·阿姆斯特朗（Judd Armstrong）创建的一家处于快速成长的无线运动式耳机制造商。Jaybird 打造了一个高端无线音频品牌，在运动员和探险专业圈内拥有强大的追随者。随后，罗技又陆续收购了两个快速成长的互补性品牌，即 Blue（麦克风）和 ASTRO Gaming（游戏耳机）。

达雷尔在大型公司的任职经历，让他对大企业的优势和缺陷深有感触。从有利方面看，它们仍在严格控制成本，并有能力投资于销售和营销。不利的方面是，它们可能会形成官僚主义风气，从而延缓增长，而且企业家精神和创新能力会随着业务的扩大而遭到遏制。为此，达雷尔始终强调创新团队的有限规模性和独立性，以获得小公司的感觉；此外，他对组织采取了扁平化管理，20 多名高级经理直接向他汇报。

同时，罗技的高管曾明确表示，他们欢迎与投机性风险投资机构合作，即便这些风险投资机构能从投资中收获 1000% 的回报率。2019 年年末，罗技推出了新的 VR 手写笔，这款产品被命名为罗技"VR Ink Pilot Edition"。在风格设计上，这款产品可以让使用者在虚拟现实空间进行绘画和书写。它是在 HTC 和三星现有 VR 控制器基础上的改进，凭借这款书写控制设备，用户可在空中绘画、在桌子或任何平面上进行无缝衔接的绘画。目前尚不清楚这款产品最终将定位于哪个市场。在产品发布演示视频中，

Pilot 被用于计算机辅助设计，这意味着，它有可能成为一款价格不菲的专业绘图工具。可以说，Pilot 将成为 VR 这个尚未成熟市场的登峰之作。即使遭遇失败，罗技的产品团队也将为掀起下一轮消费技术大繁荣积累宝贵经验。

认识"人"之人性

为确保公司始终维持良好状态，达雷尔采取的另一项措施就是与员工保持密切联系。在企业点评与求职网站 Glassdoor 上，经常会出现达雷尔与员工共处时光并倾听员工心声的内容。

但我们需要意识到，即便采取这些举措，依旧不会减少公司为实现转型而需要做出的努力。产品失败是不可避免的。重新分配研发资金必然带来某些人的愤怒和恐惧。让中层管理者适应新环境绝非易事。但数字是对达雷尔最好的肯定。罗技集团的利润增长五倍多；公司目前的全部收入，只有不到 50% 来自传统键盘和鼠标业务的销售，并且它始终是各类传统设计大赛的胜利者。投资者也从中受益。自达雷尔入主以来，公司股价便开始触底反弹，已累积上涨超过 450%。

在担任罗技集团 CEO 5 年之后，达雷尔决定做出一次开除自己的尝试，他想知道，真的出现这种事，他还是否有机会东山再起。这听起来像个噱头，但达雷尔确实在认真考虑，他是否是这个职位的最佳人选。他认为他是一个还说得过去的候选人。

案例研究 2
从邪恶帝国到耍酷小子：微软的文化转型之旅

> 每一个人、每一个组织乃至每一个社会，在到达某一个点时，都应点击刷新——重新注入活力、重新激发生命力、重新组织并重新思考自己存在的意义。
>
> ——萨提亚·纳德拉（Satya Nadella），《刷新：重新发现商业与未来》（*Hit Refresh: Quest to Rediscover Microsoft's Soul and Imagine a Better Future for Everyone*）

2014年2月，萨提亚·纳德拉被任命为微软公司的首席执行官，上任之后，他采取的第一批措施，就包括要求这家以富于战斗精神的软件公司全体高管阅读马歇尔·卢森堡（Marshall Rosenberg）的《非暴力沟通》（*Nonviolent Communication*）。这本书的主题，就是教人如何以热情和理解，而不是竞争和判断有效地开展沟通与协作。

通过这项任务，纳德拉向公司全体负责人发出了一个信号：他希望对这家全球最大软件公司的企业文化实施重大转型。长期担任首席执行官的比尔·盖茨以高压管理员工而闻名。盖茨的继任者史蒂夫·鲍尔默（Steve Ballmer）在产品发布会上大声尖叫和汗流浃背的滑稽瞬间，已成为YouTube点击量最高的视频之一。两者均采取了让对手既担心又钦佩的强势策略，但顾客并不买账。

纳德拉则另辟蹊径。纳德拉为人镇定自若,有些人甚至形容他是个优雅向善的人。纳德拉出生于印度,对板球有着印度人特有的痴迷。此外,他信奉佛教,即便是面对最尖锐的分歧,他依旧能做到心平气和,并始终强调以积极反馈养成良好的沟通习惯。

雷厉风行,关注问题,追求尽善尽美

从任职的第一天起,萨提亚·纳德拉就认为,有些事情必须改变,并且需要迅速改变。微软正在逐渐落后,它已经在争夺智能手机市场这场战斗中彻底失败。随着公司放弃台式机和服务器业务,转而从事云计算业务,软件特许经营这一主要收入来源也被大大削弱。开源操作系统 Linux 注定会取代 Windows,成为使用最广泛的服务器操作系统。在云计算方面,亚马逊遥遥领先于谷歌云和已趋于成熟的微软 Windows Azure 云服务。由于台式机和服务器特许经营部门贡献了大部分收入,因此,公司很难把人才转移到规模较小、但增长速度更快的业务领域。实力强大的 Windows 业务足以扼杀任何篡夺其权力的企图。

因此,尽管微软仍然疯狂赚钱,但也陷入了巨大危机。在鲍尔默的领导下,微软的收入增加了三倍,利润增加了一倍,但是微软的股价基本维持稳定,这显然说明,投资者并不看好微软的未来。从根本上讲,这还是一个由于缺乏创新而造成的问题,因为这家公司已深陷对收入流的依赖而无法自拔,尽管这种收入流眼下还很诱人,但迟早会消失。因此,这场危机,恰恰源自历史悠久的传统业务。

纳德拉意识到这一问题,并当机立断,采取措施。纳德拉曾在太阳微系统公司担任工程师(这家公司被公认为创造软件梦想家的摇篮),在1992年加入微软之后,纳德拉曾长期从事销售和其他管理工作。尽管他的性格温和,但最终还是坐稳了位置,而且稳步升迁,并最终成为新生云业务的负责人。作为微软的新任CEO,他深知,要捍卫公司的未来,他必须为公司建立全新的基调,重塑企业文化,打造更宽广的创新空间,鼓励新计划和新产品的发展,并不断为公司带来新的成功。他认为,打造共情是这轮文化变革的核心,这显然是微软历史中所最缺少的一种品质。

随即,纳德拉开启了一轮又一轮、规模有大有小的变革,既有象征性的微调,也有直击病灶的改革。在被任命为CEO后的首次公开讲话中,纳德拉说,他所领导的公司将以移动技术和云计算为核心,尽管这两个领域发展非常迅猛,但微软的参与和影响显然是微不足道的。他迫不及待地推出用于iPhone的Office办公套件,此举此前曾一直遭到微软高管的阻挠,他们担心,这会帮助微软的竞争对手——苹果,让企业用户进一步丧失购买Windows Phone的动力。

但巧妙的是,纳德拉开始刻意规避"Windows"这个词。他不再把微软的云程序称为"Windows Azure",这也释放出一个信号:

"Azure"本身就是一个重要的产品线，它与"Windows"业务完全是独立的。随后，在 2014 年 3 月下旬，他再次将云产品系列的名称中删除"Windows"，这彰显他摆脱"Windows"业务束缚的意图。微软的未来并不取决于能否尽可能地延长"Windows"王朝。

文化变革

作为微软的管理者和带头人，纳德拉明确表示，以前那种咄咄逼人的行为方式已不再受欢迎。纳德拉从不会对员工或高管大声叫喊，也不会动辄对他们怒不可遏，相反，他始终致力于打造一种更和谐、惬意的工作氛围。他从未发出表达愤怒的电子邮件，在公司高管会议上，他也不允许与会者大发雷霆或是大吼大叫。另一方面，纳德拉将好奇心和学习文化演绎得淋漓尽致。他始终鼓励公司 12 万名员工要有一种"无所不能学"的好奇心和求知欲。这与被他归纳为"无所不知"的微软传统文化截然相反。在马拉松式的周五执行董事团队会上，纳德拉设立了一项定期活动：微软研究员可以随时打入电话，介绍他们的创新项目，此举是为了提醒领导者，随时跟踪产品开发的进步，并鼓励他们着眼于未来，而不是维持现状。

与过去不同，微软不再公开谴责心怀恨意的敌人或捣乱者。紧张情绪当然不会全然消失：比如说，微软经常在云问题上与亚马逊发生冲突，纳德拉会心平气和地向潜在客户发出信号，提醒人们，亚马逊有一天可能也会给他们找麻烦。但是在大多数情况下,纳德拉始终在修复受到损伤的企业声誉。他热忱欢迎开源软件社区的加入,这大大改善了微软在开发人员中的信誉,并表现出了在适当情况下与竞争对手合作的意愿。他与 Salesforce(微软 CRM 产品的竞争对手)和 Linux 的经销商 Red Hat(微软 Windows Server 业务的竞争对手)达成协议,以鼓励他们及其客户使用微软的 Azure 云服务。

更重要的是,纳德拉制定了大胆的战略,并采取了大刀阔斧的措施。首先,他取消对诺基亚的整体收购案,并毅然放弃微软的智能手机,坦然接受这项业务的失败。2016 年,他启动了对社交网站 LinkedIn 的收购,这是一个面向企业高管的社交媒体网络;2018 年,微软收购社交编码网络 GitHub,该平台在全球软件项目中的占比最高。这项举措反映的是一种模式:着眼于未来,强调与云基础产品和服务合作与销售愿景具有互补性的收入流。这两次收购与对诺基亚的收购形成鲜明对比,收购诺基亚似乎只是为了挽救移动硬件的未来而做出的孤注一掷。但要在这个领域下注显然不符合微软的现状。(顺便说一句,今天,GitHub 和 LinkedIn 的市场价值已远远超过纳德拉当初支付的收购价格。)

2018 年 3 月,也就是接任 CEO 职务大约四年之后,纳德拉采取了一项最能体现他的目标,同时也是最有意义的措施。纳德拉向微软全体员工发出了一封名为"拥抱我们的未来:智能云和智能优势"的电子邮件。在邮件中,纳德拉宣布,他将把原来的 Windows 开发部门分拆为两个独立的开发机构,一个被命名为

"体验和设备",另一个则被称为"云+人工智能平台"。此举巩固了公司致力于摆脱 Windows 时代并把大量资源投入新项目的决心。这表明,微软拒绝停滞,追求创新。这绝对是一个大胆的举动,但也遭到微软内部人士和 Windows 团队成员的反对。但纳德拉坚信,这是微软最好的选择。实际上,这也是纳德拉调整公司发展方向的决定性一步,这将让他和微软的其他人摆脱 Windows 的桎梏,自由选择未来,面对未来。

纳德拉的努力取得了令人瞠目结舌的回报。微软公司的市值几乎增加了五倍,从纳德拉上任伊始时的只有 3000 亿美元,增长到 2020 年年初的超过 1.4 万亿美元,这让微软成为全球市值最高的公司,一举超过了苹果和谷歌。市场的认可源自微软在几个方面取得的成功。首先,微软成功地把台式计算机的 Office 和 Windows 的特许经营模式转换为 Office365 套件的会员付费形式,从而把原本已经盈利的特许经营模式转换为营利性更强且更稳定的"软件即服务"(SaaS)业务模式。

随后是目前市场地位仅次于亚马逊云资产的微软 Azure,也在迎头追赶亚马逊云,CRM 及业务分析平台等一系列 SaaS 产品正在给这项业务带来越来越多的利润。

甚至微软 Surface 平板电脑也在悄然无声之中取得成功,目前已在由 iPad 主导的市场上取得了一定份额。

最后,在享受这些非传统业务的成功之外,PC 的 Windows 操作系统和 Windows Server 业务继续稳步增长,并维持了较高的盈利。事实证明，尽管开发进度较慢的传统产品失去了一部分投入，但最终并没有对微软的收入造成太大影响。

促成这些巨变的根源，就在于关注人文、认同变革以及接受外来思想的新文化。由此带来的成功，也验证了纳德拉在《刷新》一书中的说法——"文化能把战略当早餐吃"，微软的重塑显然为更大的成功奠定了基础。

案例研究3 驾驭指数型增长曲线：
新世代能源集团在电力行业中展现的创新能力

如果新世代能源公司是一个国家，那么，这家位于佛罗里达州的集团公司将成为全球第七大风能发电国。该公司是当今全球上最大的非上市风力发电企业，在得克萨斯州、北美大平原和西北太平洋地区拥有数十家风力发电场。在创建之时，新世代能源只是佛罗里达州一家微不足道的小型发电企业，但它却是可再生发电领域最早的先驱。按市值计算，新世代能源已成为全球最大的电力公司。（值得注意的是，维韦克曾担任这家公司的兼职顾问，并针对指数型创新话题对公司高管进行培训。）

审慎前行

新世代能源在经营理念和行为上的与众不同，就在于它对可再生技术发展趋势的认识方式——它所依据的是指数型增长曲线。可以说，公司所采取的措施就是对本书基本原则的完美诠释：理解技术进步的规律，并与投资业务相互融合。新世代能源的管理者在21世纪初就豪赌未来：传统发电成本将保持稳定或上升，而太阳能和风能发电成本则会大幅下降。这似乎是一个巨大的商机，它可以让这家公司的影响力和盈利能力在发电行业中走到前面。随着风能和太阳能发电的市场需求急剧上升，价格如期暴涨，它的赌注得到了惊人回报。

新世代能源管理者称其为"审慎前行"战略：尝试投资于与发电业务不同的领域，对其思维和能力进行检验。为此，新世代能源的业务也相应地拓展到其他领域。包括输电电缆、电池场、其他用于存储可再生能源的设施以及天然气管道。在过去的6年中，新世代能源在所有这些领域都取得了很大发展。

新世代能源之所以采取这些步骤，是因为它成功地预见了未来能源的发展前景，以及公司影响市场需求变化所需要的竞争力。换句话说，新世代能源始终先于市场力量而识别关键趋势。例如，它曾正确地预测到，股东激进主义的强化，将导致2017年对可再生能源的需求大幅增长。同样，它还意识到，燃煤发电业务的下降趋势将超过大多数人的预期，而发电行业对煤炭的需求急剧下降，将为可再生能源释放新的空间。遵循可再生能源价格下降的指数型曲线，新世代能源明智地预见到，美国的太阳能和风力发电量将超过预期，而且将达到预期发电量的5到10倍。公司CEO吉姆·罗伯（Jim Robo）在2019年6月对投资者发布的简报中称："风能和太阳能发展的步伐一直在被低估。"

天才、执着与远见

吉姆·罗伯是公司自 1989 年以来的第三任首席执行官。他于 2002 年加入新世代能源公司,最初担任公司的发展与战略副总裁,随后负责公司的竞争性业务,在接任 CEO 之前,他是公司的首席运营官。罗伯在加入新世代能源之前,曾在通用电气有近十年的高管经历。罗伯说,他很幸运有机会追随 7 位"《财富》500 强"的 CEO,而他自己后来也成为这样一位 CEO,在他们当中,有商界传奇杰克·韦尔奇,有他的前任新世代能源 CEO 露·海伊(Lew Hay)。

罗伯将 CEO 的三项基本职责归结为资本配置、业务执行和人才培养。资本配置在电力行业中的重要性是显而易见的。实际上,新世代能源是美国各行业排在前五名的资本投资者之一。但罗伯还是提醒投资者,一家公司与另一家公司的不同之处,就在于其执行层面的执着和人才素质。在执行过程中,尽管罗伯很坦诚地承认,新世代能源曾有过 1000 万美元的投资失误,但他也指出,正是由于卓越的执行能力,才让新世代能源规避了让很多同行损失数十亿美元的失误。至于人才,尽管这是一个很少被投资者谈及的话题,但罗伯指出,这正是新世代能源的核心竞争优势所在。

此外,这家公司还是以机器学习和大数据改善设备维护和电网可靠性的先行者。早在 2010 年的时候,它就已开始安装智能电表和微电网，以更好地对市场需求进行管理。而在 2018 年和 2019 年加州野火及随后大规模停电事件爆发之后，改善需求管理才开始成为所有电力企业的重要任务。同样，新世代能源也是把机器学习应用到解决电力问题的早期探索者之一。利用机器学习，可以提前预测电网和发电厂，甚至是风电场所在偏远地区可能出现的问题。

公司拥有一支配备先进摄像装置和自动视觉软件的大型无人机团队，随时监测公司的发电设施，尽可能地做到防患于未然。所有这些技术，均大大提高了业务运营的可靠性，并大幅降低了设备停机率。

当然，新世代能源还拥有本书介绍的其他前瞻性创新实践。例如，公司每年举办一次名为"项目加速器"的员工创意竞赛，从 2013 年到 2019 年，公司通过这些竞赛收到 18000 个创意思路。公司对其中的 11000 个创意进行了评估，并确定 5600 个项目具有进一步开发的价值。新世代能源已经把一些创意付诸实践，这些创新项目包括工作流程的改进、各种数据输入功能的自动化以及部分工作职能的内包等。

公司始终认为，正是这些竞赛以及员工的踊跃参与，才让它能在运营和维护等方面成为全美最优秀的电力企业。但更有价值的是，让员工参与到创意构思和创新开发的过程中，公司保持了高水平的员工敬业度和学习能力。由于员工流失率很低，因此，内部提升也是公司选拔管理者的主要方式。

这也让公司股东受益匪浅：在 2010 年以来的 10 年中，新世代能源股票的价格上涨了约 6 倍，此外，公司对股东发放的股息也在逐年增加。显然，审慎前行，摸索前进，不断尝试新事物，培养员工，推动企业沿着指数型曲线不断发展，给新世代能源带来了丰厚的回报。

案例研究 4
沃尔玛：从不知所措的迷路者，成为值得信赖的竞争对手

自成立以来，沃尔玛始终是一家极富远见的零售商。公司于 1962 年成立于阿肯色州的乡村地区，目前已成为全球少数几家巨无霸级零售商之一。今天，沃尔玛在全球拥有 220 万名员工，年收入超过 5000 亿美元。沃尔玛的成功在很大程度上源于他们的专注：以最优惠的价格为消费者提供最需要的商品。沃尔玛的崛起与亚马逊具有很多共性——在 20 世纪 90 年代中期，亚马逊几乎无处不在，而现在已有行业垄断之嫌。

长期以来，沃尔玛一直凭借技术，压制着发展缓慢、缺乏技术含量的竞争对手，从而形成了不可动摇的绝对优势。它开发了自己的物流软件和供应链，有先进的物流卫星网络系统，甚至在产品定价方式、店面设计和收入最大化等复杂技术方面，也在同行业中处于领先地位。沃尔玛最初专门经营纺织品，并逐渐成为美国最大的百货和食品销售商。长期以来，沃尔玛始终坚持不懈地追求市场领先地位。

然后,亚马逊似乎在突然之间横空出世,并在进入新千年的最初十几年里,主导着全球在线购物,并对沃尔玛构成了真真切切的生存威胁。根据美国商务部发布的数据,2019年春季是一个分水岭——在线销售额首次超过线下销售额;而目前的迹象表明,这种趋势还会加速。

沃尔玛的管理团队早就意识到了这一威胁,但他们始终疲于应付,数字化销售只是他们迫不得已的权宜之计。但是到2015年左右,形势开始发生变化,当时沃尔玛的总裁兼首席执行官道格·麦克米伦(Doug McMillon)着手创建覆盖全公司的数字化思维,从而以一体化思维认识沃尔玛的销售方式,这意味着,公司开始将把店面、应用程序和在线产品捆绑为一体,以前所未有的方式为消费者提供服务。

简而言之,沃尔玛希望效仿亚马逊的最佳策略,并通过利用其庞大的基础设施和技术基础发挥这种策略的效应。沃尔玛所采取的策略,就是我们在本书前面提倡的一种技术:复制行业领导者的最佳想法,并加以改进。与其他零售商不同的是,沃尔玛可以从长计议。庞大的销售额和丰厚的利润,让沃尔玛有能力投入为实现这种指数型转型所需要的资金。

目前,沃尔玛已投入数十亿美元用于技术开发,并笼络了一大批高水平的开发人员;完成了数字连接的搭建,为店面与应用程序的实时通信提供了技术基础。

沃尔玛自己开发的支付应用程序已得到大批固定客户的使用，从而在店面与顾客建立起更紧密的联系。此外，公司对外部机构提供免费开放源代码，反哺开发人员社区。在沃尔玛实验室（Walmart Labs），技术人员已成为目前流行的 Node.js 源代码的主要贡献者；他们还创建了 Electrode，这是一种开发轻量级应用程序常用的软件平台。

所有这些进步的根源，就是麦克米伦提出的任务——改善电商的核心性顾客体验。按照这个要求，需要加速沃尔玛超市的提货和送货速度，这对这家全球最大的百货超市和供应链而言，显然需要巨大的投入。

沃尔玛与亚马逊的对峙几乎无所不在。沃尔玛推出了亚马逊"金牌会员"计划的低价版本，让客户以支付年费的形式享受同样快捷的配送。它对外部供应商开放电商平台，从而让很多公司在这里打造出比亚马逊更受欢迎的市场。沃尔玛正在建设数字广告业务，允许品牌商品在沃尔玛的网站和应用程序内推广商品——实际上，这也是亚马逊增长最快的业务线之一。此外，沃尔玛还在尝试利用高覆盖性的店面弥合数字业务与实体店之间的鸿沟，比如说，在商店设置取货塔，客户无须排队等候，直接在这里取走在线购买的商品，径直返回汽车。

这些措施正在让沃尔玛得到回报。自 2016 年年中以来，沃尔玛每季度的在线销售额均实现了两位数的增长。

但是，沃尔玛对转换的态度似乎远比我们想象的更认真。

第 14 章 从恐龙到老鹰：四个案例研究

2019年春季，沃尔玛任命苏雷什·库马尔（Suresh Kumar）为公司的首席技术官兼首席开发官，作为公司执行委员会的成员，直接向麦克米伦汇报工作。实际上，对数字化的重视已经延伸到公司的每一位高管身上，这就向整个组织发出了一个强有力的信息，即，在线业务的重要性高于沃尔玛的其他所有活动，而且必须和沃尔玛的所有业务实现高度整合。库马尔曾在谷歌、微软和亚马逊担任高管。他曾在亚马逊任职15年，离职前的最后一个职位是担任全球零售系统及零售服务副总裁。

任何转型都不可能一帆风顺。沃尔玛曾以33亿美元的价格收购在线零售商Jet.com，并寄希望于通过该平台一举挫败亚马逊，但这一愿望并未兑现。此外，沃尔玛也曾试图对收购的数字原生创新零售业务（例如Bonobos和ModCloth）进行整合，但最终未能得到顾客的认可。即便如此，对沃尔玛来说，整体形势值得期待，而且公司似乎已经成功创建起更新颖、更迅捷的数字业务体系。

截至撰写本文时，沃尔玛每季度的销售业绩均在逼近亚马逊，无论是绝对销售收入还是市场交易份额，亚马逊的优势正在受到沃尔玛的蚕食。如今，大多数分析师都认为，唯一能对亚马逊在线销售主导地位真正构成威胁的，唯有沃尔玛。

第 15 章
政府的创新管理

本章简介：政府可以为经济活动做出重大贡献。在本章里，我们将重点探讨如何推动政府创新，政府创新计划取得成功需要满足哪些要求，以及政府创新管理架构与私人部门的不同之处。此外，我们还将讨论政府创新的五个前提，并对我们何以认为当前是政府技术创新的黄金时代进行阐述。

在英国，最有名气的政府部门或许是詹姆斯·邦德系列电影里经常提到的"军情六处"。但是在政界中，最引人关注点的部门却是行为洞察团队（Behavioural Insights Team），它的非正式名称为"助推小组"（nudge unit）。该部门于 2010 年由英国前首相戴维·卡梅伦组织筹建，并以畅销书《助推》（*Nudge*）命名，这本书由诺贝尔奖获奖经济学家理查德·塞勒（Richard Thaler）和霍尔伯格奖得主卡斯·桑斯坦（Cass Sunstein）创作。在这本书中，两位作者指出，通过对人类行为进行微调——也就是他们所说的"助推",政府和企业的行为结果将会出现显著变化。

例如,塞勒在书中提到了一项研究:如果将选择性加入退休金计划转换为选择性退出退休金计划,工人会把更多收入用于储蓄。美国保险巨头 Vanguard 集团目前管理数百万个工人的退休金计划。该集团进行的一项研究显示,在执行选择性加入退休金计划的公司,只有 59% 的员工参与该计划。相比之下,在采取自动加入的公司,员工参与退休金计划的比例达到 86%。

最初,这个助推部门引发大量争议。评论家嘲笑这个由学者、经济学家和心理学家组建的团队明显与现实脱节。但是,助推团队仅通过微小调整,便取得了巨大成功。比如说,团队建议对一项税收征管通知做微小调整。在对 20 名实际纳税人进行的试验中,这种简单的策略取得了明显效果:实验对象实际纳税的速度和比例均得到较大提高。于是,英国政府采纳了这项提议。

在另一项试验中,助推部门与四家政府机构合作,对八条为增加器官捐赠而呼吁人们进行器官捐赠登记的消息进行了有效性检验。助推部门以随机的方式对约 100 万受访者进行了测试,因此,这也成为历史上规模最大的社会科学实验之一。最有效的信息颇具共情意味:"当你急需进行器官移植的时候,你一定会得到匹配的器官吗?如果不能,那就请你去帮助他人。"据估计,仅仅这项实验就争取到超过 10 万人进行器官捐献登记。

助推部门取得了出乎意料的成功,以至于经拆分后成为一家独立的"社会公益企业",由部门成员、内阁办公室和创新慈善机构 Nesta 共同拥有。迄今为止，被采纳的政策建议已有数十项，甚至数百项，目前，该企业与世界各地的政府合作，并成为被人们津津乐道的政府创新范例。在 2010 年以来的 10 年间，该企业帮助英国政府进行了一波实验。这些实验的部分目的在于紧缩政策和政府支出，还有一个更重要的原因，就是保守政府长期以来的一贯原则：少花钱，多办事。

不要动拿在公众手中的政府奶酪

政府的创新管理远比商业领域的创新更困难，但往往也更有价值。出于规章制度和政治方面的考量，政府创新通常更加复杂。几乎所有政府创新都必须在完全公开的环境下进行，即使创新注定会带来改善，也容易受到激进政治团体的质疑。对于一个拥有巨大发展前景的项目，即使发生腐败的概率微乎其微，而放弃更有可能带来公共灾难，让政府官员和民众陷入同等痛苦，但项目依旧有可能被叫停。

旨在维护公平或透明的内部规章制度，往往会妨碍政府部门采纳创新；即使创新得以采纳，也会因这些制度的存在而难以实施，或是实施进度缓慢。

以改善财政效率而对现有体制进行调整，往往会伤及就业，从而招致工人及其工会的抵制。纳税人本身就是最反复无常的新技术接受者。他们可以轻易接受消费领域的新产品，但却不愿接受政府领域的新产品。纳税人的质疑和批评会迅速粉碎或者至少会拖延政府领域的创新活动,从而缩短了创新的必要实施期和创新本身的寿命。

但是,在所有负面因素中,最具破坏性的当属政府创新带来的逆向选择:当创新成功降低了某个部门的成本时,分配给这个部门的资源就会被相应削减。与此同时,大多数政府机构在资金使用上存在"不用白不用"的现象,进一步加剧了资源的过度使用或滥用。

这就是说,政府创新是大有可为的事情。如果做得好,就可能会产生巨大影响。以纽约市为例,前市长迈克尔·布隆伯格及其团队设计并创建了一个新颖的电话系统,其功能类似于城市信息服务台,通过对电话进行分析,达到优先城市公共维护和优化警力安排的目的。此外,布隆伯格还建立了一种以数据管理为基础的文化和系统,从而以一种以前无法想象的方式对整个纽约市实施安全监控。这种对数据的关注,让纽约市的城市服务在10年中发生了翻天覆地的变化,并大大改善了曾被视为无法管理的城市生活质量。

在下文里,我们将探讨与城市和政府创新管理有关的其他几个案例。幸运的是,很多适用于私营部门的创新战略在公共部门同样行之有效。实践已经证明,为征集解决公共及政府问题提案而设立创新奖就是一种有效的方法;与此类似,在全体选民中进行创新众筹也取得了可喜的成果。

在这方面，一个显而易见的共性就是政府创新对外部专业力量的依赖性更大，尤其是在技术方面。政府机构往往不具备进行创新技术开发的能力。它们通常是用户体验方面的外行，而且也不习惯在用户身上测试自己的新产品。

幸运的是，今天的政府远比以前更愿意接受创新合作。在整个发达世界，政府组织已经意识到利用技术推动变革的必要性。特别是在英国和美国，持续紧缩的大环境，迫使人们不得不考虑以前可能无法想象的变革。

政府创新的五项条件

2014年期间，来自哈佛商学院的克莱顿·克里斯滕森和其他两名研究人员采访了公共部门的创新者，对数百项政府政策进行了的调查，并在学校组织了一场以政府创新为主题的会议，收集相关信息并反哺社区管理的实践。最终，克里斯滕森的团队提出了公共部门创新的五项基本条件：

- 实验能力
- 升级过时基础架构的能力
- 存在通畅的反馈环路
- 存在改善产品或服务的激励措施
- 存在制约终端用户的预算

在哥伦比亚特区（华盛顿特区），克里斯滕森的团队对使用投币式收费表进行停车收费转变为使用手机应用程序支付停车费的过程进行了分析。停车是很多城市亟待解决的一个重要问题：人们在城区开车时，可能要把全部驾驶时间的20%到30%用于寻找停车位，进一步加剧了城市的交通堵塞和碳排放。完全按停车收费表投币付费肯定会带来问题，购物者的付费过程还需要占有额外时间。

从一开始，手机软件系统就让驾驶员感受到智能手机的便利。首先，市政部门不必安排人到城市各停车场去收集停车人投在计费表中的硬币。这就可以让他们把时间用到更有价值的任务上。其次，手机付费降低了碳排放量，驾车人只需点击应用程序即可付费，无须在车内座椅上到处搜罗或是在包包里翻找硬币。

为此，纽约市聘请第三方开发了一个名为 ParkMobile 的应用程序，用来取代原来的实体停车收费表。通过精心安排、与公共部门工会协商以及经部分用户的测试，ParkMobile 最终于 2012 年 10 月投入使用，并在随后两年内显示出惊人的效果。但凡事都不可能一帆风顺：有时候，由于抄表员得到的数据不及时，可能会让用户收到不合理的罚单。由于按单次停车收费，因此，对短时间停车收取的单价相对较高。此外，在最初版本中，用户必须输入车牌详细信息和正确的停车地段，这个过程会带来很多人为失误。

尽管如此，采用移动支付平台的结果仍利大于弊。此后，华盛顿特区开始采取"按需"定价的方式，根据所在地区停车位的使用强度相应增加或降低收费标准。此外，通过以电子收费平台取代机械收费表，纽约市可以随时进行远程设备升级，调整收费价格和条款。如今，ParkMobile 已在美国各地普遍推广，其中包括 10 个最大城市中的 7 个。鉴于 ParkMobile 取得的巨大成功，甚至吸引了德国汽车制造商宝马的关注，他们于 2018 年收购了这家停车收费平台，部分目标就是借此了解以转型为目标的解决方案。

显而易见，在上面归纳的创新要求中，ParkMobile 满足了全部要求：市政府尝试新方法的能力；愿意并且有能力对过时的基础设施进行升级换代；拥有现成的反馈回路；消费者非常愿意坦言自己的体验，而且媒体始终在跟踪和关注 ParkMobile 的问题；基于节约资金和改善用户体验两方面的考虑，市政府强烈希望改善服务水平（停车服务）；终端用户受到真实预算的约束。长期处于财政困境的城市当然不愿意忍受成本超支。消费者也不愿为停车位支付高昂的价格；他们本来可以用脚投票，转而使用私人停车场或是搭乘公共交通工具。

这个例子充分体现出创新需要投入的代价，它必须经过长期的规划和实施。通常，政府创新所需要的资本支出越少，创新成果的实施就越顺利。囊中羞涩的威斯康星州密尔沃基市政府打算在自助洗衣店内开设小型图书馆。从理论上说，在贫困地区，妇女（遗憾的是，贫困地区的女性也相对较多）在洗衣的同时，可能还要照看孩子。按照这项措施的初衷,就是让这些女性在时间允许时和孩子一起读书。大量研究表明,阅读对儿童青少年有益无弊。此外,图书馆还允许外借,这就让孩子们可以在家里读书。这同样是一种简单的公共教育手段:大量研究表明,孩子的学习成绩和他们在家里看书的数量存在相关性。

与纽约市的停车收费改造项目相比,这项创新的成本明显很低,而且可在少数自助洗衣店进行效果测试。此外,当政府与第三方合作提供免费但有社会价值的福利时,政府创新的成本可能会接近于零。在宾夕法尼亚州的莫农加利亚县,卫生部门接诊的梅毒病例持续增加。为此,该部门同时采用了现有的宣传渠道和一种新的宣传渠道:约会软件。按照该部门的要求,当来自该县的用户登录应用程序时,软件制造商必须向他们发布梅毒警告。这引发人们对梅毒疾病的警惕,从而改善了该地区的公共卫生状况。这项措施几乎没有花政府一分钱,但却达到了最大程度扩大宣传范围的目的。因此,指数型增长技术还可以创造出四两拨千斤的效果,以近乎免费的方式为部分民众创造福祉。

政府技术创新的黄金时代

尽管政治动荡遍布全球,但政府创新的黄金时代依旧可以维持下去。可以看到,促进私营部门的创新要素,同样也适用于公共部门的大多数技术创新。正如可以通过智能手机获取免费 GPS

信息一样，我们也可以使用软件支付停车费或是其他公共服务费，从而享受技术创新大量的福祉。

此外，由于2008年金融危机带来的经济衰退，削减政府预算始终是决定政府支出的基本原则。因此，以有限公共资金取得事半功倍的效果，这是政府部门迫在眉睫的压力。俗话说，需要是发明之源，但就英国以及美国的很多州而言，紧缩政策已成为政府的常态，而且在未来很长时间内不会改变。

因此，可以选择的方案很少。而最好的方案，或许就是技术创新。今天，连接互联网的智能手机用户人数是以往任何时候都无法比拟的。智能手机成为政府创新的巨型加速器。廉价传感器为收集环境数据提供了便利。智能手机及其他技术则让公民对政府创新的参与度达到了前所未有的水平，从而提高了反馈效率，加快了决策的制定和实施进度。所有城市和国家都在关注大数据分析，以挖掘改善公共服务的机会。同样是这些环境数据的收集和共享能力，也可以帮助工厂生产出高质量的商品。环境温度和湿度可能会给制造过程带来重大影响。而监视和理解这些影响，将极大程度地提高"工业4.0"的能力，从而实现不追加投入便取得更多数量和更高质量商品的理想。

和其他领域一样，基于创新思维、人性化设计原则以及推动私营部门快速创新的其他关键因素，民间技术的指数型增长，必定会加快、强化并改善政府再造的机会。

结束语
如果不能忽略，该如何接受呢

2019年4月，英国著名连锁超市塞恩斯伯里百货集团在伦敦霍尔本广场开设了第一家无现金商店。这也是英国的第一家无现金商店，不仅领先于其他百货零售企业，甚至让它们的克星亚马逊落后一步。在这些高科技无处不在的便利店里，购物者可以用手机扫描准备购买的物品，把它们放到购物车中，然后在自己觉得方便的任意时刻用手机付款，整个过程无须人工或收银机的参与。塞恩斯伯里对此设定的目标，就是提供高度顺畅的无缝购物体验，但推出这个新产品的真正动机，或许与亚马逊为 Amazon Go 商店进行的宣传有关。在亚马逊的这些商店中，购物者甚至不需要扫描商品。他们只需要在手机上打开 Amazon Go 应用程序，然后，选择商品，放入购物车，并随时付款。塞恩斯伯里的无现金商店显然还没有达到如此顺畅的程度，但它面对竞争实施业务创新的速度，显然值得赞叹。

这种响应力对组织未来的生存至关重要。今天，技术正在以惊人的速度发展，而且变得越来越复杂，越来越不可思议。人工智能、云计算、网络和传感器的进步,正在缔造出一个个价值数万亿美元的产业,并在数年内摧毁旧业务模式所代表的产业。以前只有少数富人才能享用的技术,今天已在世界各地普及开来。现在,全球大部分地区都已经实现联网,而且宽带连接速度不断提高。随着全球企业家开始越来越多地相互学习,他们自然会注意到,企业不再只关心自身问题,而是开始越来越多地考虑陌生人的问题,而这些问题与解决方案的共享,终会让全人类受益。

但传统企业确实也需要更新剧本。正如我们在前面讨论的那样,克莱顿·克里斯滕森在《创新者的窘境》一书中提出的创新与突破模式,曾经指引企业度过行业的颠覆性破坏期,但现在已经不合时宜。

旧的创新课本告诉企业到错误的地方寻找竞争威胁,鼓励它们把颠覆性创新与核心业务隔离开,并把它划分为一个独立的新业务部门。然而,在当今时代,不断发展的技术之间相互融合,各行业之间相互侵入、相互颠覆,因此,公司同样需要采用颠覆性技术,并与全体员工齐心协力,共同应对新的竞争威胁。

传统组织需要以更广阔的视角认识颠覆的内涵及其来源。譬如,克里斯滕森最初曾认为,优步和特斯拉汽车不会实现真正的行业颠覆,因为两者都不符合他对颠覆性创新做出的定义;在他看来,颠覆性竞争首先出现在低端市场或是市场的空缺部分,而后,由下而上,逐渐进入主流市场。正如克里斯滕森在 2015 年发表在《哈佛商业评论》的一篇论文所言,优步的发展路径显然

结束语 | 如果不能忽略，该如何接受呢

不符合颠覆性创新的进程，"它们首先在主流市场上站稳脚跟，而后再吸引以往不被重视的细分市场"。

作为电动汽车行业无可争议的先驱，特斯拉的发展路径的起点是高端市场，对此，克里斯滕森与合著者在《创新者的窘境》一书中称："如果颠覆性理论是正确的，那么，未来的特斯拉要么被更大的传统企业吞并，要么就得长期为争夺市场地位而挣扎。"

作为一款中等价位的轿车，特斯拉"Model 3"的销量远高于今天其他任何电动汽车，为吸引更多顾客，这款汽车不断降价，向低端市场渗透。然而，今天的特斯拉实在是太大了，没有几家公司有收购它的实力。今天，只有三家公司（苹果、谷歌和微软）可能拥有收购特斯拉的市值和现金。在马斯克的带领下，按照这家公司目前的价值，显然是汽车行业内的任何追求者都无法承受的。相反，特斯拉更有可能去收购通用汽车、福特或是大众汽车，而不是去防御被它们收购。

优步的发展可谓横空出世，异军突起，而它们颠覆出租车行业的路径，同样是从上而下起步的。最初，优步便尝试与高档豪华轿车展开竞争。随后，它们才推出了 UberX，以提供廉价的出租车服务。优步的业务触角已经延伸到食品配送、运输和物流以及其他服务领域。与此同时，优步已开始挑战超市、食品配送企业和联邦快递。今天，它甚至开始尝试制造自动驾驶汽车。

作为手机和音乐产业的颠覆者，苹果已经把目光投向医疗保健和金融领域。苹果手表正在成为越来越受欢迎的医疗设备，苹果的健康监控软件 ResearchKit 已用于数百项临床试验。在个别情况下，苹果手表曾提醒佩戴者提防可能危及生命的心脏病，也就是所谓的心房颤动。随着时间的推移，苹果手表可以跟踪我们所服用药物的功效和副作用，帮助我们改善生活方式和生活习惯，减少人类对药物的依赖性，从而实现对制药业的颠覆。目前，亚马逊也开始为员工提供一款健康软件，包括视频咨询及其他获取健康计划的功能。如果可以以历史为鉴的话，我们当然期待亚马逊向市场推出这款应用程序，而且是一款全方位的成熟的健康计划程序。

在支付金融领域，目前美国 51% 左右的零售店使用 Apple Pay 收款，而且随着人们对移动支付便利性的认知度不断提高，这款软件的普及率还在不断提高。苹果也开始涉足金融业，在高盛银行的帮助下，它已经开设了信用卡业务。不能不提的是，谷歌正在创办为客户提供储蓄和支票账户的业务线。脸书 CEO 马克·扎克伯格仍在梦想着以 Libra 加密货币接管全球货币系统——尽管他的想法遭到政策制定者的压倒性反对。高盛通过个人储蓄部门马库斯（Marcus）为个人提供不收费的个人贷款及高收益在线储蓄，这让它直接面对消费市场；此前，高盛曾表示没有涉足这一领域的愿望。

此外，谷歌、SpaceX 和亚马逊正在高速互联网联网领域展开竞争，最终，它们将通过微卫星和高空气球等方式在全球范围提供高速联网业务。为此，它们首先要启动以前由电信公司提供的服务；随后，它们将蚕食电信公司的这部分市场。既然到处都可以连接 WiFi，我们为什么还要向电话公司购买移动数据呢？谷歌已进入全球无线市场，它为自己的 WiFi 服务制订了一项低成本计划，该计划允许谷歌付费用户为取得最佳信号而在各网络之间切换，这样，就把主要供应商运营的无线网络转化为商品。这项计划可免费提供互联网接入——就如同地图、搜索和电子邮件一样，作为回报，网络接入供应商得到的是我们的数据。

在令人眼花缭乱的科技发展大潮中，我们可以看到，指数型破坏已不再是成立一个新部门或新公司就能解决的事情，创新与突破无处不在。诞生于指数型增长时代的公司，正在利用新技术快速拓展业务领地，进入乃至创造更多的相关甚至全新业务。

无论技术用于何处，颠覆性突破都在大规模爆发，现有公司须全力以赴，所有部门须并肩努力，共同寻找保护自己、重塑自我、免受新竞争冲击的出路。面对创新浪潮，整个企业乃至整个行业，都需要突破固有观念束缚，锐意进取，不断提出新思维，加快创新步伐。如果企业不能接受创新文化，不能为实现指数型技术进步而进行组织再造，那么，它们必定会不断落后，持续萎缩，直至灭亡。可以想象，在"《财富》500 强"的名单里，老公司退出和新公司加入的速度只会越来越快。新的变革浪潮正在酝酿，并在不久的未来汹涌而至：增强现实技术和虚拟现实技术、量子计算、语音计算、无人机、个性化医疗、免费能源等，正在一步步地成为现实，并固化为我们生活的一部分。

值得庆幸的是，任何公司都可能成为一家创新型公司：只要它们能做出合理的改变，采取正确的策略，但更重要的是，要善于激发蛰伏在员工身上的巨大能量，鼓励他们勤于思考，勇于实践，以无比的激情去追逐貌似疯狂的梦想。传统公司拥有诸多内在优势，面对颠覆性创新大潮的涌来，那些拥有创新文化的传统企业必将在竞争中占得上风。

致　谢

永远把最深切的感激奉献给我的家庭，他们给予我快乐，赋予我生活和工作的灵感和勇气。我的小儿子塔伦天生就不乏学者的思维，他不仅为本书提出很多极富颠覆性的新观点，而且依旧在为我们的指数型创新工作室贡献有价值的思维，真的要谢谢他。还要感谢我的大儿子维尼特、侄女鲁伊和妮莎，在失去我最亲爱的妻子塔温德尔之后，是他们帮助我渡过难关，让我重新拾起生活的勇气和乐趣。

很荣幸有机会和伊斯梅尔·阿姆拉共同创作这本书。在我任职的第一家创业公司希尔科技，我和阿姆拉初次相识，成为同事，为大型公司开发高级计算机系统。在他的整个职业生涯中，我们一直在合作。我们是名副其实的学习伙伴。

当然，我和阿姆拉都要对亚历克斯·萨尔克弗表示诚挚的谢意，在将本书包含的观点和经历见诸字面的过程中，他提出了很多价值连城的建议。在15年的合作中，亚历克斯和我曾合作过三本专著，还有很多文章。亚历克斯把高超的写作技巧及其对技术和企业的深邃理解集于一身；他是最棒的。我们的编辑约翰·哈维（John Harvey）始终关注细节，他以超凡的细致和耐心对全书进行了梳理，在结构措辞上给予我们最权威的指导。在我出版的其他书籍以及在《华盛顿邮报》《财富》《市场观察》及其他出版物上发表的数百篇专栏文章中，约翰都扮演了重要角色，他是我最值得信赖的朋友和顾问，当然，他从不姑息我的过错。

最后，我们还要感谢很多默默无闻给予我们帮助的人：我们的出版经纪人凯瑟琳·安德森（Kathleen Anderson）、出版负责人尼尔·梅来特（Neal Maillett）和吉文·西瓦苏布拉马尼姆（Jeevan Sivasubramaniam）。他们为本书的出版全力以赴，让我受益匪浅。这本书的成功有他们的功劳。

——维韦克·瓦德瓦

我对本书的贡献完全有赖于过去 30 年的亲身经历，很幸运自己有这样的经验积累，有机会与全球顶级品牌的伟大领导者一起工作。感谢凯斯·威尔曼（Keith Wilman）、大卫·汤姆林森（David Tomlinson）、里斯·阿斯托尔（Lis Astall）、罗伯·海沃尔特（Rob Heyvaert）、布里奇·范·克拉林根（Bridget van Kralingen）和乔·路易斯（Jon Lewis），感谢他们给予我的鼓励和支持。

当然，我最感谢的人应该是维韦克。是他给予我灵感，一直在鼓励我，激励我，并指导我创作这本书。Capita 研究所的奥利·弗里斯通（Oli Freestone）博士进行了大量有价值、有见地的研究，为本书提供了很多宝贵的反馈和观点。

最后，或许也是最应该感谢的，是我的所有朋友和家人，他们鼓励我要尽我所能，为这个世界做一点贡献。没有你们的支持和爱，一切皆无可能。

——伊斯梅尔·阿姆拉

作者简介

维韦克·瓦德瓦

维韦克·瓦德瓦是哈佛法学院劳动与工作生活项目的杰出学者,也是卡内基梅隆大学工程学院的高级研究员和教授。他也是四本畅销书的作者:《你的幸福被抹杀》(*Your Happiness Was Hacked*)、《未来之路》(*The Driver in the Driverless Car*)、《创新女性》(*Innovating Women*)和《移民外流》(*The Immigrant Exodus*)。

他一直是《华盛顿邮报》的全球辛迪加栏目的专栏作家,并曾在杜克大学、斯坦福大学法学院、埃默里大学及奇点大学任职。

瓦德瓦目前居住于硅谷,在具有全球转型能力的先进技术领域从事研究、演讲及文字创作。

机器人、人工智能、计算、合成生物学、3D打印、医学和纳米材料等领域的技术进步,正在让小规模团队可以尝试以前只有政府和大公司才能做的事情:应对教育、水资源、食物、住房、健康以及安全方面的重大挑战。

作者简介

伊斯梅尔·阿姆拉

目前担任 Capita 公司首席增长官，Capita 是一家总部位于英国的技术服务公司，市值约 40 亿英镑。在此之前，他曾任职于拥有 70 亿美元营收的 IBM 服务部（北美地区），并担任执行董事，其负责的行业板块有 15000 名员工。

此外，阿姆拉曾在富达信息服务（Fidelity Information Services）、Capco 和埃森哲等公司担任高管。

亚历克斯·萨尔克弗

作家、未来主义学者和技术领导者。他与维韦克·瓦德瓦合作出版了三本专著：《你的幸福被抹杀》《未来之路》和《移民外流》。作为一名平面媒体和在线作家，他撰写了数十篇探讨指数型先进技术的文章，涉及机器人技术、基因组科学、再生能源、量子计算、人工智能和无人驾驶汽车等领域。之前，他曾在《商业周刊》网站担任技术编辑，并在杜克大学普拉特工程学院担任客座研究员。他的最新职务是 Mozilla 公司副总裁。他经常在各大行业会议、大学以及公司董事会发表演讲。萨尔克弗目前居住在加利福尼亚湾区。